DAS GOLDENE BUCH VON
SIZILIEN

BONECHI

WORLD PUBLISHER

Texte von Giuliano Valdes, Editing Studio - Pisa
Übersetzung: TRADUCO s.n.c. di Bovone e Bulckaen
Zeichnungen: Stefano Benini

Printed in Italy

ISBN 978-88-476-1693-6

www.bonechi.com

Panorama der Stadt.

PALERMO

Geschichte. Palermo hat ein großstädtisches Aussehen und öffnet sich wie ein Fächer auf seine malerische Bucht, im Hintergrund karge und mächtige Berge, die zu ihren Füßen die grüne Conca d'Oro umschließen. Trotz des Emporschießens der Betonblöcke in den letzten Jahrzehnten hat die Conca d'Oro doch ihren einmaligen landschaftlichen Charakter beibehalten. Zuerst ließen die Sikaner, dann die Kreter und die Elymer sich an der Bucht nieder, welche später von den Karthagern sehr geschätzt wurde, so daß sie vom VIII. Jahrhundert v.Chr. ab ein fester punischer Sitz wurde. Zwischen dem VI. und dem IV. Jahrh. v.Chr. entstand eine befestigte Stadt um den ursprünglichen Kern Paleopolis und das später gegründete Neapolis. Die Syrakuser unternahmen verschiedene Versuche, während der Zeit der Kriege gegen die Karthager die neue Stadt in Besitz zu nehmen. Nach der erfolglosen Belagerung im Jahr 258 v.Chr. mußte die Hochburg der Karthager in Sizilien die Waffen strecken und sich den Römern ergeben (254 v.Chr;). Vier Jahre später schlugen diese den Wiedereroberungsversuch seitens Hasdrubal zurück. Mit dem Verfall der Macht Roms zwischen dem VI. und dem IX. Jahrh. n.Chr. lösen sich die Barbaren in Palermo ab (Vandalen, Ostgoten), bis sich dann die Byzantiner niederlassen (erste Hälfte des VI. Jahrh.), welche dann wieder im Jahr 831 von den Arabern vertrieben werden. Zu Anfang des XI. Jahrh. muß sich die Macht der Moslems dem vereinten Angriff der Normannen und Pisaner unterwerfen, und von 1072 ab besetzen die Normannen unter Guiscard und Roger die Stadt. Von dieser Zeit an, bis zu den letzten zwanzig Jahren des XII. Jahrhunderts entfaltet sich die Herrschaft der Normannen, und von Palermo dehnt sie sich bald auf ganz Sizilien aus und fördert die Wissenschaften, die Kultur, die Künste. Mit dem Untergang der Normannen treten die Staufer auf den Plan, vor allem in der Figur Friedrichs II., um den sich die fortschrittlichsten Geister des kulturellen Lebens der Zeit scharen, trotz der vereinten Opposition des Adels und des Papsttums. Nach dem Tod Friedrichs II. (1250) beginnt der unabwendbare Abstieg der Stadt. Die Hauptstadt wird nach Neapel verlegt (1266), und die Anjou und die Aragonier lösen sich in der Herrschaft ab. Der kurze Zwischenfall der Sizilianischen Vesper (1282) verstärkt nur die Aragonier, und es ist der Auftakt für die lang andauernde spanische Herrschaft auf der Insel. Zwischen dem XVI. und dem XVII. Jahrh. verändert die Stadt ihr Aussehen erneut. Es entstehen neue Befestigungsanlagen, und die städtische Ordnung verwandelt sich grundlegend. In der ersten Hälfte des XVIII. Jahrh. folgen die Savoyer und die Österreicher aufeinander, bis zur Thronbesteigung Karls III., der seinen Reichtum aus der arroganten Übervorteilung bezieht, die der Klerus und der Adel gemeinsam ausüben. Die französische Revolution und die Unruhen, die überall laut werden, bringen die bourbonische Regierung dazu, 1812 eine Verfassung aufzustellen. Diese hält aber die revolutionären Fermente nicht auf, und auf diesem fruchtbaren Boden kann dann das siegreiche Unternehmen Garibaldis (1860) Fuß fassen.

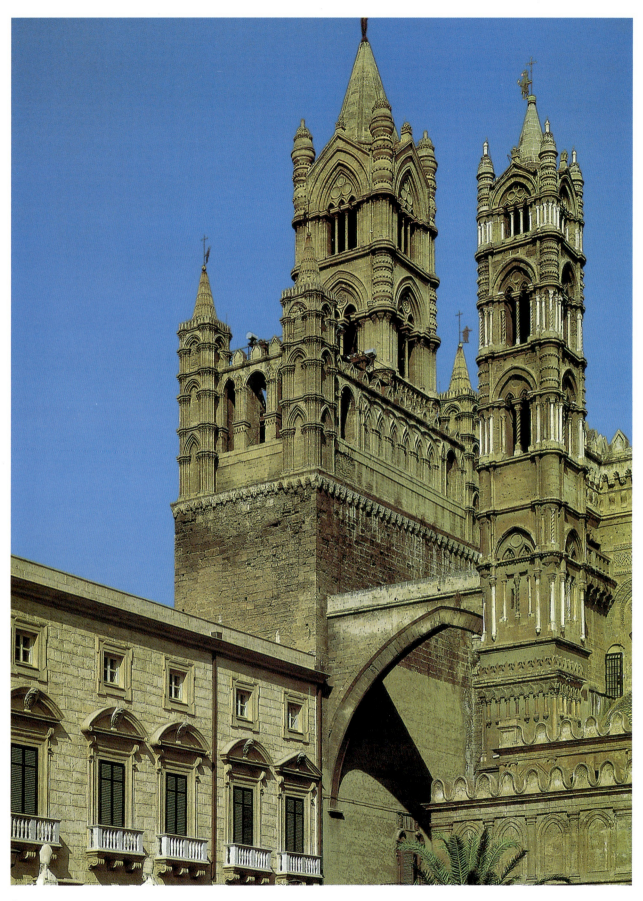

◄ *Blick auf den großartigen Hauptglockenturm der Kathedrale.*

Die südliche Säulenvorhalle, ein gotisch-katalanisches Werk des späten XV. Jahrhunderts.

Die Kathedrale. Dieses majestätische Gebäude beeindruckt durch die effektvolle Wucht seiner architektonischen Linien. Es ist auf einem ehemaligen Friedhof erbaut, umgeben von einer Marmorbalustrade, die von im allgemeinen barocken Skulpturen gekrönt ist. Sie entstand 1184 auf Wunsch des Erzbischofs Gualtiero Offamilio am Ort eines vorherigen Gebäudes moslemischen Kults, und sie ist das Ergebnis einer Reihe von Umbauten, Hinzufügungen und Änderungen, die im Laufe der Jahrhunderte aufeinander gefolgt sind. Im XIV. Jahrh. wurden die vier Glockentürme errichtet, zwischen dem XV. und dem XVI. Jahrhundert wurden hintereinander die südliche und die nördliche Vorhalle erbaut.

Die Fassade stammt aus dem XIV. und XV. Jahrh. und ist von zwei Türmen eingerahmt, in die wertvolle Motive gehauen sind, die durch die Bildung pflanzlicher und abstrakter Elemente an islamische Themen erinnern. Das herrliche Portal aus dem XV. Jahrhundert zeigt einen großen Reichtum an dekorativen Details, vor allem gotischer Prägung. An der Seite, die auf den Platz geht, öffnet sich *die südliche Vorhalle*, eine gotisch-katalanische Verwirklichung von großer architektonischer Bedeutung (zweite Hälfte des XV. Jahrh.). Die Apsis befindet sich zwischen den beiden Glockentürmen, sie ist der bedeutendste Überrest des ersten normannischen Baus. *Die nördliche Vorhalle* stammt aus der zweiten Hälfte des XVI. Jahrhunderts.

Der ursprüngliche *Innenraum* war sehr verschieden von dem derzeitigen, denn im XVIII. Jahrh. wurden unter der Leitung des F. Fuga grundlegende Umstrukturierungen vorgenommen. Der Raum ist durch Säulenreihen in drei Schiffe aufgeteilt, an den Säulen stehen Skulpturen aus der Werkstatt der Gagini, die Heilige darstellen (sie gehörten zu einer nicht mehr existierenden Apsis), und das Ganze hat eine neoklassische Prägung. Im rechten Schiff, in einer Einfriedung links vom Eingang, der auf den Platz geht, befinden sich die *Kaiser- und Königsgräber*, und zwar das Heinrichs VI. (gest.1197), Friedrichs II. (gest. 1250), der Kaiserin Konstanze (gest.1198) und Rogers (gest.1154). Im rechten Teil des Presbyteriums die *Kapelle der Heiligen Rosalia*, wo ein bronzenes Gitter die Nische mit der silbernen Urne schützt, die Reliquien der Heiligen Schutzherrin der Stadt enthält.

Vom rechten Teil der Apsis aus gelangt man in den Vorraum der Sakristei, und von dort durch ein prunkvolles Portal des XV. Jahrhunderts zum *Schatzsaal* der Kathedrale, wo wertvolle Kirchengeräte, Kelche, Monstranzen, Miniaturen von 1300 bis 1700 und sonstige Wertgegenstände ausgestellt sind. In der daneben liegenden *Sakristei der Kanoniker* sind Portale aus dem XVI. Jahrh. von V. Gagini aufbewahrt. In der darauffolgenden *Neuen Sakristei* eine Gagini zugeschriebene Jungfrau. Im linken Transept öffnet sich die *Sakramentskapelle* mit einem wertvollen Ziborium aus dem XVII. Jahrh. von einem Künstler aus Bergamo, eine äußerst beeindruckende Arbeit aus Lapislazuli. Rechts das *Mausoleum des Erzbischofs Sanseverino*, das G. Pennino zugeschrieben wird.

Die Krypta liegt hinter dem ursprünglichen Gebäude; man gelangt von der linken Seite aus zu ihr. Zwei Querschiffe werden von den Granitsäulen gebildet, die das Kreuzgewölbe stützen. Man beachte die sieben kleinen Nebenapsiden gegenüber dem Eingang und die zahlreichen Grabdenkmäler der palermitanischen Erzbischöfe, unter anderen von Gualtiero Offamilio, dem Gründer der Kathedrale.

5

Porta Nuova. Dieses beeindruckende Tor steht am Anfang des Corso Calatafimi und ist fast ein Anhang des Normannenpalastes. Die Gründung sollte in der zweiten Hälfte des XVI. Jahrh. die Ankunft Karls V. feiern, die sich an diesem Ort fast fünfzig Jahre früher abgespielt hatte, als ein Tor aus dem XV. Jahrh. hier stand. Die Porta Nuova, wie wir sie heute bewundern, ist ein monumentaler Bau, der die Motive des Triumphbogens mit markanten Aspekten der Renaissance vereint. Die interessante pyramidenförmige Spitze ist mit Darstellungen aus Majolika verziert, die den Adler, Symbol des palermitánischen Senats, wiedergeben.

Palazzo dei Normanni. Ein grandioses, monumentales Gebäude, das auch unter dem Namen *Palazzo Reale* bekannt ist und das auf älterem Gemäuer zur Zeit der Araber wahrscheinlich im IX. Jahrh. entstanden ist. Vom XI. Jahrh. ab wird der Palast Sitz der normannischen und der Staufer-könige. Im XVI. Jahrh. wohnten hier zeitweise die Vizekönige und die königlichen Familien verschiedener europäischer Adelshäuser. Seit 1947 werden hier die Sitzungen der *Sizilianischen Regionalversammlung* abgehalten.
Die Fassade wurde vorwiegend während der Renaissance ausgebaut, wurde aber vom XVII. Jahrh. ab des öfteren verändert und neu strukturiert. Auf der rechten Seite hebt

Das Porta Nuova genannte Tor wurde in der zweiten Hälfte des 15. Jahrhunderts zu Ehren des Einzugs Karls V. in die Stadt erbaut.

Die Hauptfassade des Normannenpalastes aus dem 17. Jahrhundert grenzt an die mächtige Torre Pisana, einen der letzten Überreste des ursprünglichen Normannenschlosses.

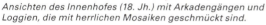

*Ansichten des Innenhofes (18. Jh.) mit Arkadengängen und
Loggien, die mit herrlichen Mosaiken geschmückt sind.*

*Folgende Seiten, die Cappella Palatina und die Mittelapsis des
Presbyteriums. Rechts, der Ambo und ein
Kandelaber aus weißem Marmor.
Segnender Christus in der Mittelapsis, ein byzantinisches Werk
des 12. Jahrhunderts.*

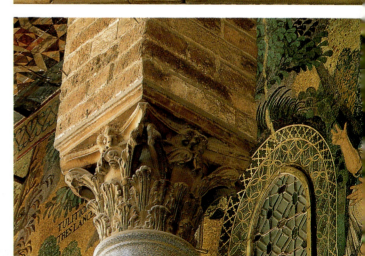

sich der mächtige Turm *Torre Pisana* ab, auch Turm der
S. Ninfa genannt, eines der markantesten Elemente der ursprünglichen normannischen Konstruktion. Ein interessanter Hof aus dem XVII. Jahrh. mit Loggien hat eine Frei-
treppe, die zum ersten Stockwerk führt, wo die beein-
druckendsten Räume des ganzen Komplexes liegen.
Die Cappella Palatina gehört zu den typischsten Ausdrucksformen normannischer Kunst in der Hauptstadt Siziliens.
Der Bau wurde 1130 begonnen, und im Jahr 1143 erhielt
sie die Weihe; der äußere Umfang ist zum Teil nicht mehr
sichtbar, weil spätere Bauten, wie die Fassade des siebzehnten Jahrhunderts, die Apsis verdeckt haben. Der *Innenraum* wird durch antike Säulen, die die Spitzbögen stützen,
in drei Schiffe aufgeteilt. Die Architektur findet ihren Höhepunkt in dem erhöhten Heiligtum, den drei Apsiden
und der Kuppel. Die Mosaikdekoration ist von einmaliger
Pracht, die wertvolle Holzdecke (XII. Jahrh.) ist Ausdruck
der Fatimidenkunst.
Zu den bedeutendsten Ausdrucksformen des Mosaik-
schmucks, den byzantinische Künstler im XII. Jahrh. verwirklicht haben, gehören der *Christus Pantokrator mit den
Erzengeln und Engeln* (Kuppel) und *Geschichten aus dem
Leben Christi* in den Apsiden und an den Wänden des Hei-

TADNERO... GO NERO REX

HIC PRÆCEPTO PETRI ORATIONE PAULI SIMON MAGUS CECIDIT IN TERRAM.

◀ Christus Pantokrator *mit Erzengeln und Engeln, Kuppeldekoration.*

Die Episoden aus dem Leben der Heiligen Peter und Paul *schmücken die Seitenschiffe der Kapelle.*

ligtums. In der Apsis ist die *Madonna Hodigitria* dargestellt, die Wände des Mittelschiffs sind mit Geschichten aus der Bibel bedeckt. Die Mosaiken der Seitenschiffe geben *Episoden aus dem Leben des Hl. Petrus und Hl. Paulus* wieder. Beachtenswert sind auch der wunderschöne Marmorfußboden, der Ambo (XII. Jahrh.) und der Osterleuchter, mit seinen reichen skulptierten Motiven. Über eine kleine Treppe unterhalb des Ambos erreicht man die darunterliegende *Krypta*, wo früher der Leichnam Wilhelms I. beigesetzt war, der später in den Dom von Monreale gebracht worden ist. Das *Kruzifix* an der Wand ist aus dem XVI. Jahrh. In der *Sakristei* ist ein wertvoller *Schatz* zu sehen, mit Kirchengeräten, Werken aus Silber, fein gearbeitete Schreine arabischer und byzantinischer Art, Pergamenthandschriften.

Auch das zweite Stockwerk des Normannenpalastes hat interessante Räume, so den sogenannten *Salone d'Ercole*, dessen Wände und Gewölbe mit Fresken bedeckt sind, die den Mythos und die Apotheose des legendären Helden wiedergeben, die diesem Saal den Namen gegeben haben. Hier hält die sizilianische Regionalversammlung ihre Sitzungen

ab. Dieser Raum wurde in der zweiten Hälfte des XVI. Jahrh. verwirklicht. Anfang des XVIII. Jahrh. führte Giuseppe Velázquez die Fresken der Wände und des Gewölbes aus. Um den *Cortile della Fontana* (Hof mit Brunnen) im Renaissance-Stil liegen die Wohnräume des "Hauptgeschosses", mit Möbeln aus dem XVIII. und XIX. Jahrh. Im *Saal der Vizekönige* sind deren Portraits ausgestellt. Über einen Hof, über dem sich die Türme des Palastes erheben, gelangt man zum *Saal des Königs Roger*, der mit Mosaikdekorationen herrlich geschmückt ist, die mit ihrer wertvollen, nach arabischer Art ausgeführten Verflechtung, Jagdszenen darstellen. Die *Torre Pisana*, die von einem *astronomischen Observatorium* überragt ist, erhebt sich über einem ziemlich kahlen Saal, wenn auch Spuren darauf hindeuten, daß ein reicher Marmor- und Mosaikschmuck früher diese Wände verzierte. Die zu Ende der siebziger Jahre vollendeten Restaurierungsarbeiten lassen im ersten Stockwerk die Aufeinanderfolge der verschiedenen Gebäude und Hinzufügungen erkennen, die im Laufe der Jahrhunderte errichtet oder dazugebaut wurden. Sehenswert sind auch der *Waffen-* und der *Schatzsaal*.

11

Die einzigartige Kirche San Giovanni degli Eremiti wurde 1132 im Auftrag Rogers II. von arabischen Baumeistern errichtet.

Die Kirche S. Giovanni degli Eremiti. Das Gebäude aus normannischer Zeit entstand auf Wunsch von Roger in der ersten Hälfte des XII. Jahrhunderts, an dem Ort, wo früher ein gregorianisches Kloster stand. Die Kirche, die in der zweiten Hälfte des vergangenen Jahrhunderts von Grund auf restauriert wurde, ist ein typisches Beispiel muselmanischer Architektur, und wurde von Handwerkern errichtet, die zu jener Zeit in Palermo sehr aktiv waren. Die Struktur des Glockenturms ist einfach und streng, die Fensteröff-

nungen sind einbogig, die Spitze ist von einer kleinen roten Kuppel gekrönt, die mit den anderen übereinstimmt, und die dem ganzen Gebäude ein orientalisches Aussehen verleihen.

Der Innenraum zeichnet sich durch äußerste Einfachheit aus. Es fehlen alle ornamentalen Verzierungen, zwei große Spitzbögen unterbrechen in der Querrichtung die Struktur des einzigen Schiffes, während das Transept einen Chor mit drei halbrunden Apsiden hat. Vom rechten Teil des Transepts aus gelangt man in Räume, die sich längs der rechten Seite der Kirche fortsetzen, und die auf ein altes Gebäude aus dem X.-XI. Jahrh. zurückzuführen sind, vielleicht auf eine Moschee. Auch der entzückende *Kreuzgang* stammt aus der Zeit der Normannen (XIII. Jahrh.) und gehörte wahrscheinlich zu einem alten Benediktinerkloster. Rings um den üppigen Garten mit seinem eigenen Zauber verlaufen die Spitzbögen auf eleganten paarigen Säulen.

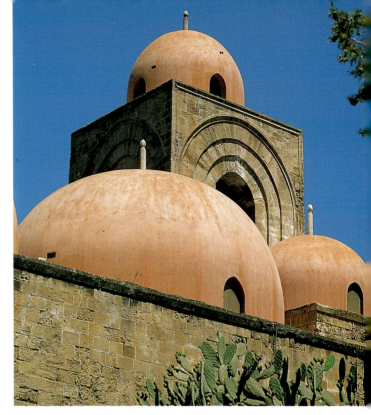

Eine der roten orientalisierenden Kuppeln und der malerische Kreuzgang von San Giovanni degli Eremiti aus dem XIII. Jahrhundert.

Zwei Ansichten der Piazza Pretoria.

Palazzo Senatorio. Dies ist der heutige Sitz des Rathauses an der *Piazza Pretorio*, die der gleichnamige Brunnen verschönert. Der Bau wurde in der zweiten Hälfte des XV. Jahrh., wahrscheinlich an der Stelle eines früheren aragonischen Palastes erbaut. Er wurde mehrere Male verändert (XVI.-XVII.-XIX. Jahrh.) und hat eine prunkvolle *Fassade*, auf der sich die *Statue der Heiligen Rosalia*, die Carlo d'Aprile zugeschrieben wird, und auf dem Portal der marmorne *Adler* von Salvatore Valenti abheben, während einige Gedenktafeln an Ereignisse der Geschichte der Stadt erinnern. Unter den bedeutenden Kunstwerken im Innern seien im *Atrium* die Fresken des Sozzo (XVI. Jahrh.) erwähnt, das wertvolle *barocke Portal* von Amato (XVII. Jahrh.) und eine marmorne Skulptur für ein Grab, wahrscheinlich aus römischer Zeit. Man beachte auch die allegorische Skulptur, die den *Schutzgeist von Palermo* darstellt (erster Treppenabsatz), und die *Sala delle Lapidi*, *Sala Gialla* und *Sala di Garibaldi*.

Fontana Pretoria. Dieser Brunnen war ursprünglich für die florentinische Residenz von Don Pietro di Toledo entworfen worden, wurde aber dann vom Senat der Stadt erworben, der ihn vor seinem Sitz aufstellen ließ. Wie ein Bühnenbild wirkt dieses herrliche Werk aus dem XVI. Jahrh. von den Florentiner Meistern Francesco Cammilliani und Michelangelo Naccherino, die mit großem Können die allegorischen, mythologischen und monsterhaften Figuren in Stein gehauen haben.

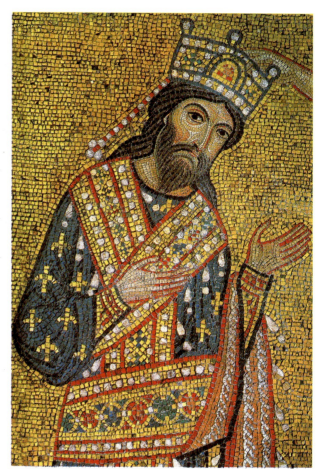

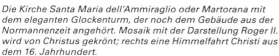

Die Kirche Santa Maria dell'Ammiraglio oder Martorana mit dem eleganten Glockenturm, der noch dem Gebäude aus der Normannenzeit angehört. Mosaik mit der Darstellung Roger II. wird von Christus gekrönt; rechts eine Himmelfahrt Christi aus dem 16. Jahrhundert.

Die Kirche S. Maria dell'Ammiraglio, die auch als die *Martorana* bekannt ist, wurde in der ersten Hälfte des XII. Jahr. von Admiral Rogers, Georg von Antiochia, gegründet. Das Gebäude hat einen vielseitigen Aspekt, es umschließt einmalig schöne Ausdrucksformen der normannischen Architektur und später hinzugekommene barocke Elemente. Die *Fassade*, eindeutig barock, stammt aus der zweiten Hälfte des XVI. Jahrhunderts. Der wunderschöne *Glockenturm* geht über vier Stockwerke, und die zweibogigen Fensteröffnungen, die kleinen Säulchen und die vielfarbigen Intarsien verleihen ihm seine Leichtigkeit.

Der Innenraum, auch dieser durch die barocken Restaurierungsarbeiten tiefgehend verändert, hat drei Schiffe und ist vor allem wegen seiner Mosaiken berühmt. An der rechten Wand, hinter einer alten Tür, das Mosaik, auf dem *Christus Roger II. krönt*; an der linken Wand eine *Madonna im Rosenkranz*, Zoppo di Gangi zugeschrieben, und ein Mosaik, das *Georg von Antiochien zu Füßen der Jungfrau* darstellt. Die Kuppel, der Tambour, die Gewölbe und die beiden kleinen Apsiden sind mit wunderschönen Mosaikdekoren mit religiösem Thema ausgeschmückt. Im oberen Chor (XVIII. Jahr.) zahlreiche Malereien von Zeitgenossen von G. Borremans, der auch den mittleren Teil mit Fresken ausgemalt hat.

Galleria Regionale della Sicilia. Die Galleria Regionale della Sicilia hat ihren Sitz im Palazzo Abatellis aus dem Quattrocento, der 1490-1495 von Matteo Carnelivari erbaut wurde, ein wunderschönes Beispiel der Verschmelzung von spätgotischer und Renaissancearchitektur. Die Galerie besitzt die bedeutendste Skulpturen- und Gemäldesammlung Siziliens vorwiegend des XIV.-XVI. Jahrhunderts. Im Erdgeschoß ist die Bildhauerei untergebracht; im ersten Stock die Pinakothek.

Saal I: Holzplastiken und Malerei des Cinquecento.

Saal II: ist die Palastkapelle; hier befinden sich Skulpturen aus dem XIV. bis XV. Jahrhundert (sehenswert der Francesco Laurana zugeschriebene *Sarkophag der Cecilia Aprile*) und das großartige Fresko mit dem *Triumph des Todes* unbekannter Zuschreibung, möglicherweise um die Mitte des Quattrocento.

Saal III: Verschiedene Werke, darunter eine herrliche, metallisch glänzende Vase ("loza dorada") aus Malaga und ein hispanisch-arabischer Krug, beide aus dem XIII.-XIV. Jahrhundert.

Saal IV: Hier befindet sich die weltberühmte *Büste der Eleonora von Aragon*, ein Meisterwerk von Francesco Laurana, etwa aus dem Jahr 1471; daneben ein schönes *Bildnis einer Edelfrau*, Laurana zugeschrieben, und weitere Skulpturen des Quattrocento aus der Schule der Gagini.

Saal V: *Madonna mit Kind* und *Bildnis eines Jünglings*,

In der Palastkapelle befindet sich dieses Fresko aus der Mitte des Quattrocento, das ten Triumph des Todes *darstellt.*

Das Hauptgemälde der Galerie ist die Verkündigung, *ein Meisterwerk von Antonello da Messina.*

Marmorstatuen von Antonello Gagini.

Saal VI: weitere Werke der Gagini und lombardischer Meister des ausgehenden Quattrocento.

Saal VII und *Saal VIII*: Gemälde verschiedener Herkunft, vor allem venezianische, toskanische, sizilianische Werke des XIV. und XV. Jahrhunderts.

Saal IX: In diesem großen Saal sind vorwiegend Werke von Tommaso de Virgilia ausgestellt, einem bedeutenden palermitanischen Maler der zweiten Hälfte des Quattrocento.

Saal X: Dieser Raum ist einem Hauptwerk von Antonello da Messina gewidmet: in der 1473 gemalten *Verkündigung* verdichten sich Raum und Licht in der Geste und im Antlitz der Jungfrau.

Saal XI und *Saal XII*: Verschiedene Werke sizilianischer Meister des ausgehenden XV. und frühen XVI. Jahrhunderts, unter anderem Gemälde von Riccardo Quartaro di Sciacca.

Saal XIII: Der Raum ist der flämischen Malerei vorbehalten und enthält den berühmten *Malvagna-Altar*, ein Triptychon von Jan Gossaert aus dem Jahr 1510.

Saal XIV, XV, und *XVI*: Weitere Werke flämischer Künstler und Meister des italienischen Cinquecento und Seicento (u.a. Vincenzo de Pavia, Jacopo Palma d.J., Mattia Preti). Der geplante Ausbau der Galerie soll demnächst Raum schaffen für die Malerei des XVII. und XVIII. Jahrhunderts, Abteilungen der dekorativen Kunst usw.

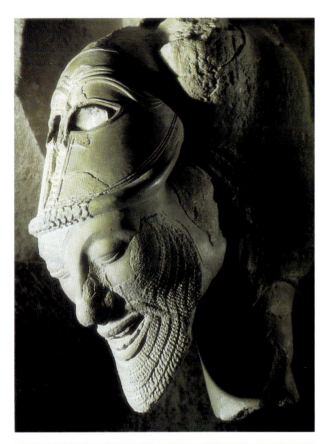

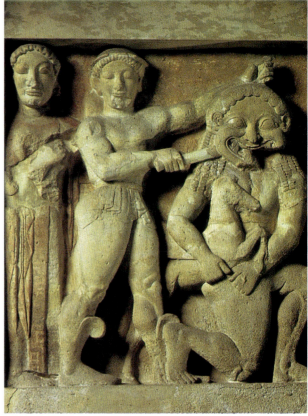

Kriegerkopf aus der Ausgrabungszone von Himera.

Metope aus Selinunt mit Perseus, der mit Hilfe der Athene die Meduse tötet.

Der sogenannte Ephebe von Selinunt, *eine hervorragende Bronzestatuette aus dem Jahr 460 n. Chr.*

Museo Regionale Archeologico. Das Museum ist in einem Kloster der *Padri Filippini dell'Olivella* untergebracht, und ist eine interessante Gelegenheit, das sizilianische Altertum im allgemeinen und die Skulptur Selinunts im besonderen kennenzulernen.

Im *Saal der griechischen Epigraphe* befinden sich interessante Inschriften aus Selinunt.

Nebenan der *Saal mit den Zwillingskopf-Stelen aus Selinunt*, ein Werk unbekannter Künstler.

In der *Sala Marconi* sind Architekturfragmente und Bronzeköpfe untergebracht, die beim Viktoria-Tempel von Himera gefunden wurden (V. Jahrh. v.Chr.). In der *Sala Gabrici* werden Architekturreste von Selinunt bewahrt, dann gelangt man in den *Saal von Selinunt*, wo Zeugnisse der Skulpturen und der Tempel von Selinunt zu sehen sind.

Erster Stock: Hier befindet sich die *Galleria settentrionale*, wo die Funde aus Soluntum, aus der Nekropole in Bagheria, Imera und Termini Imerese ausgestellt sind.

In der *Sala della Coroplastica* sind Zeugen verschiedenen Ursprungs bewahrt.

In der *Galleria della coroplastica selinuntina* sind zahlreiche Funde aus Terrakotta (ex voto) aus der Gegend von Selinunt ausgestellt.

In den *Sälen mit Skulpturen* sind griechisch-römische Materialien ausgestellt.

Zweites Stockwerk: In den verschiedenen Räumen sind zahlreiche Zeugnisse prähistorischer Kunst Siziliens ausgestellt, vom Paläolithikum bis zur Bronzezeit.

Die *Kollektionen griechischer Keramik* zeigen attische Vasen mit den charakteristischen rot-schwarzen Darstellungen, dann großgriechische, protokorinthische, korinthische, ionische und lakonische.

Im Saal der Mosaiken befinden sich Fresken, mit pompejanischem Geprage aus Selinunt, und Mosaikdekorationen aus Palermo.

In der *Saletta di Imera* sind Funde ausgestellt, die an diesem Ort ausgegraben wurden.

Kapuzinerkloster und Krypta. Das (1621 erbaute) Kapuzinerkloster ist vor allem wegen seiner Katakomben bekannt, doch bewahrt auch die Kirche, die in jüngster Zeit erhebliche Veränderungen erfuhr, sehenswerte Werke und kostbares Kirchengerät - zum Beispiel holzgeschnitzte Altäre aus dem achtzehnten bis neunzehnten Jahrhundert und ein Reliquiar, ebenfalls aus Holz, aus dem achtzehnten Jahrhundert. Die Katakomben bergen die teils mumifizierten und teils einbalsamierten Leichen von rund achttausend Vertretern des Klerus und der reichen palermitanischen Bürgerschicht, einschließlich Frauen und Kinder, die sich seit dem XVII. Jahrhundert in den Krypten dieses Klosters beerdigen ließen, bis dieser makabre Brauch im Jahr 1881 nicht mehr gestattet war. Empfindliche Besucher sollten auf die Besichtigung dieser endlosen Totenreihe verzichten.

Das Kapuzinerkloster und zwei Bilder aus den Katakomben.

Palazzina Cinese. Sie liegt im oberen Teil des ausgedehnten *Parco della Favorita* (öffentlicher Park und Sportanlagen), an den Hängen des Monte Pellegrino. Ein charakteristischer Bau des Architekten V. Marvuglia, der ihn zwischen dem XVIII. und dem XIX. Jahrh. verwirklicht hat und der die Regeln der neoklassischen Architektur mit der damals üblichen Vorliebe für alles Exotische und aus dem Orient Stammende vereint. In den Innenräumen finden wir die typische, aus vielen Stilen zusammengesetzte Einrichtung, Möbel aus jener Epoche und eine Sammlung von chinesischen und englischen Seidenstoffen und Drucken. Die Wandmalereien, die einige Zimmer verschönern, sind von V. Riolo, G. Patania und G. Velázquez.

Museo Etnografico Pitré. Diese interessante Sammlung wurde von dem gleichnamigen Gründer 1909 zusammengestellt und ist in einem Gebäude rechts von der Palazzina Cinese, im Park der Favorita untergebracht.
In *Saal I* stehen Einrichtungen und Modelle bäuerlicher Wohnungen.
In *Saal II* sind Garne und Gewebe, einschließlich der Handwerksgeräte zu sehen.
In *Saal III* sind interessante Trachten der Insel ausgestellt.
In *Saal IV* sind festliche Trachten, Stickereien und Ornamente untergebracht.
In *Saal V* finden wir einen Überblick über Weihnachtskostüme.
In *Saal VI* sind Jagdgeräte bewahrt. In *Saal VII*, der dem Fischfang gewidmet ist, ist Material für dessen Ausübung

ausgestellt, Boote und interessante Miniaturen.
In *Saal VIII* sind Modelle von Pflügen und Geräte für die Landwirtschaft untergebracht.
In *Saal IX* sind Geräte ausgestellt, die der Viehzucht dienen.
In Saal *X-XI* sind Arbeitsgeräte untergebracht, die dem Handwerk und dem Handel der Straßenhändler dienen.
In *Saal XII-VX* finden wir Zeugnisse magischen und religiösen Charakters, Instrumente gegen Hexereien, den bösen Blick, Ex Voto, Masken.
In *Saal XVI-XVII* ist eine rustikale Küche eingerichtet.
In *Saal XVIII* sind einige Krippen zu sehen, sehr interessant ist eine Weihnachtskrippe aus Trapani aus dem XVIII. Jahr.
In *Saal XIX* sind Dokumente, Kostüme und Prozessionsstatuen ausgestellt, die sich auf die Osterwoche beziehen.
In *Saal XX* werden die Kleidung einiger Bruderschaften und Holzstatuen bewahrt.
In *Saal XXI* finden wir Dokumente der Thriumphwagen mit einem Holzmodell des Wagens der Heiligen Rosalia.
In *Saal XXII* ist ein "Teatro dei Pupi" aufgebaut.
In *Saal XXIII* sehen wir Dekorationen und Schmuck und ein Beispiel für einen sizilianischen Karren.
In *Saal XXIV-XXVII* ist die Einrichtung einer bürgerlichen Wohnung des XVII. Jahrh. aufgestellt.
In *Saal XXVIII-XXXII* werden verschiedene Gegenstände aus Terrakotta bewahrt. In *Saal XXXIII* sind Holzschnitz- und Handarbeiten untergebracht. In *Saal XXXIV* stehen Musikinstrumente. In *ersten Stockwerk*, in den *Sälen XXXV-XL*, finden wir eine reichhaltige Bibliothek mit eth-

nographischen und folkloristischen Themen aus Italien und dem Ausland.

In **Saal XXXIX** eigenhändig geschriebene Dokumente von Pitré und eine umfangreiche Briefsammlung.

MONDELLO

Das hübsche Seebad mit eleganten Wohnvierteln und liegt malerisch an der Reede, zwischen Punta Valdesi und dem Fischereihafen. Die Ortschaft ist mit der Hauptstadt fast zusammengewachsen, gerade Straßen verbinden sie mit Palermo, die entweder durch den Park der Favorita, oder längs der Küste unterhalb des Monte Pellegrino durchführen; man berührt dabei **Vergina Maria** (rechts am Berghang liegt der monumentale *Friedhof dei Rotoli*) und **Arenella**. Im ältesten Teil des Orts, wo die bunten Fischerboote im Hafen schaukeln, befinden sich zwei **Türme**, die im XV. Jahrh. erbaut wurden, um die feindlichen Schiffe zu sichten und die Küste zu verteidigen. Im Zentrum der Bucht erstreckt sich die typische Form der 1912 errichteten **Badeanstalten** ins Meer hinaus. Östlich von **Valdesi**, oberhalb der Küstenstraße, öffnen sich an den Hängen des Monte Pellegrino die sogenannten **Grotte dell'Addaura**, mit bedeutenden Zeugnissen menschlicher Anwesenheit schon seit der Vorgeschichte. Die Funde sind im archäologischen Museum der Hauptstadt zu sehen.

Die malerische Bucht (im Hintergrund der Monte Pellegrino) und der Hafen des Städtchens.

◄ *Die Palazzina Cinese im Park der Favorita, die Ferdinando II. von Bourbon errichten ließ.*

Die Fassade der normannischen Kathedrale aus der zweiten Hälfte des XII. Jahrhunderts.

Der majestätische Christus Pantokrator, der die ganze ►
mittlere Apsisnische ausfüllt.

MONREALE

Dieses malerische Zentrum im nahen Hinterland Palermos liegt an den Hängen des Kalkgebirges, das die Conca d'Oro umrahmt. Wenngleich letztere in den vergangenen Jahrzehnten mehr eine geographische Bezeichnung geworden ist, weil Beton und Wohngebiete sich unerbittlich ausgedehnt haben, und nur wenige Gärten und hier und da ein Fleck der weiten Agrumenpflanzungen, die der Gegend den Namen gegeben hatten, übriggeblieben sind, bezaubert Monreale durch die Schönheit seiner natürlichen Lage, den Reiz seines Panoramas und den Glanz seiner Kunstschätze. Es entwickelte sich zur Zeit der Normannen rings um ein Benediktinerkloster und wurde bald zur bevorzugten Residenz der normannischen Herrscher, die hier auf die Jagd gingen. Vor allem die Kathedrale und das Kloster sind zum klassischen Ziel für den Tourismus auf der Insel geworden, aber auch die bezaubernde Umgebung, das hübsche Städtchen mit seinen mittelalterlichen Gebäuden und dazwischen

Bauten aus dem Barock ziehen die Menschen an. Der **Dom**, der zu den reinsten Ausdrucksformen normannischer Kunst in Sizilien gehört, wurde mit der Befürwortung Wilhelms II. in der zweiten Hälfte des XII. Jahrh. verwirklicht. Die wertvollen Mosaikornamente, die die Innenwände verkleiden, geben dem Raum etwas Märchenhaftes, die Architektur verrät den Fatimiden- und moslemischen Einfluß, den wir in der damaligen Zeit überall vorfinden. **Die Fassade** hat im oberen Teil das immer wieder auftretende Motiv der sich überkreuzenden Bögen, während im unteren Teil ein Portikus, der in der zweiten Hälfte des XVIII. Jahrh. dazukam, eine Verbindung zwischen den beiden mächtigen Türmen darstellt. Diese beiden Türme, von denen der linke unvollendet ist, grenzen das Gebäude im Raum ab und verleihen ihm Gleichgewicht, trotz des anfechtbaren späteren Anbaus. Das prächtige Portal wird durch eine Bronzetür noch verschönert, die Bonanno Pisano in der zweiten Hälfte des XII. Jahrh. so wundervoll gestaltet hat. Eine Säulenhalle aus der Werkstatt der

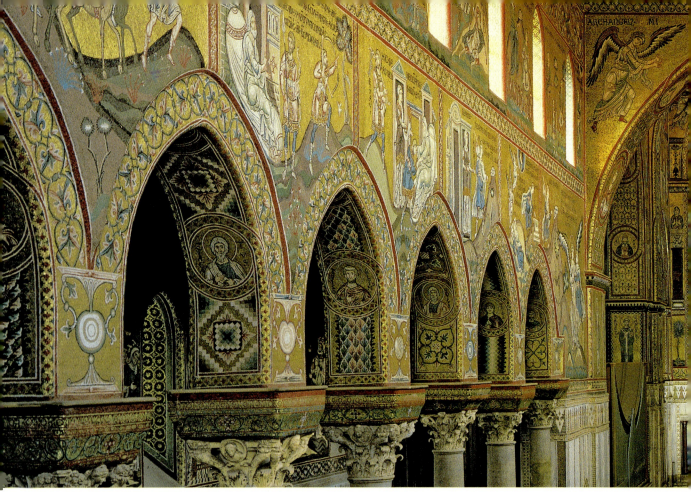

Eindrucksvoller Blick in das Innere des im Glanz der Mosaiken erstrahlenden Mittelschiffes. Im Hintergrund die herrliche Apsiswölbung mit riesigen Mosaikfiguren. Rechts, die Erschaffung Evas.

Gagini läuft auf der linken Seite des Gebäudes entlang, und hier befindet sich die Eingangstür zum Tempel von Barisano da Trani (zweite Hälfte des XII. Jahrh.). Auf der Außenseite ist die Apsis fein verziert mit Lava-Intarsien und ineinander verschlungenen Bögen. Der basilikale *Innenraum* ist majestätisch und ehrfurchtgebietend. Das lateinische Kreuz ist in der Längsrichtung von alten Säulen dreigeteilt, die Kapitelle sind fein behauen und stützen Spitzbögen. Das Sanktuarium überrascht mit seiner dekorativen, architektonischen und farbenprächtigen Vielfältigkeit; von der Mittelapsis aus trifft einen der strenge Blick des *Christus Pantokrator*, der jeden versteckten Winkel der Kirche beobachtet, und durch eine optische Täuschung hat man den Eindruck, daß er dem Besucher, wo er auch steht, in die Augen sieht. Die beeindruckende Ausdehnung der Mosaiken auf Goldgrund ist das Ergebnis langer, geduldiger Arbeit byzantinischer und arabischer Meister, die vom XII. bis zum XIII. Jahrh. hier tätig waren. Außer dem schon erwähnten Pantokrator, der die Darstellungen der *Thronenden Jungfrau mit Heiligen, Aposteln und Engeln* überragt, finden wir im Mittelschiff Geschichten aus der Bibel aus dem Alten und Neuen Testament wiedergegeben, und Episoden, die sich auf die normannischen Könige beziehen. Über dem königlichen Thron ist die *Krönung Wilhelms II.*

zu sehen, über dem Grab des Erzbischofs die Darstellung *Wilhelms II., der der Jungfrau den Tempel darbietet*. Die Holzdecke stammt aus der ersten Hälfte des vergangenen Jahrhunderts, die alte Decke war einem Brand zum Opfer gefallen. Der Marmorfußboden mit Mosaiken ist teils original, teils aus dem XVI. Jahrh. Vom rechten Schiff aus gelangt man in die *Cappella di S. Castrense* (XVI. Jahrh.) mit einem zeitgenössischen Ziborium und einem Bild aus dem XVII. Jahrh. von P.A. Novelli, ein Selbstporträt. Vom rechten Transept aus gelangt man in die *Cappella dei Benedettini*, die wertvolle Marmorreliefs von Giovanni Marino und Ignazio Marabitti enthält (*Sarkophag von F. Testa, Sarkophag von I. Bonanno, Apotheose des Hl. Benedikt*). Im rechten Flügel des Transepts befinden sich die Gräber von *Wilhelm I.* und *Wilhelm II.*, währenddem der Altar der rechten Apsis eindeutig barocke Züge aufweist. In der mittleren Apsis steht der Hochaltar von Valadier (zweite Hälfte des XVIII. Jahrh.). Der Altar der linken Apsis ist barock, und über ihm hängt ein hölzernes *Kruzifix*; ein Reliquienschrein aus Marmor stammt aus der Werkstatt der Gagini und stellt eine *Pietà, die Verkündigung* und die *Heiligen Peter und Paul* dar. Es folgen der *Altar von Ludwig IX.* und die *Sarkophage von Margarethe, Roger und Heinrich von Navarra*. Von der *Cappella del*

Die prächtige Cappella del Crocifisso des XVII. Jahrhunderts im Dominneren.

Die Apsis der Kathedrale des XIII. Jahrhunderts. ►

Crocifisso in der linken Apsis aus gelangt man zu dem reichen *Domschatz*, wo Schmuck aus normannischer und barocker Zeit ausgestellt ist. Am Anfang des rechten Schiffs ist der Zugang zu den *Terrassen* und zum oberen Teil der Kathedrale, von wo aus man einen herrlichen Ausblick auf den Klosterhof, auf Monreale und die Conca d'Oro hat. Das angebaute *Benediktinerkloster* wurde zu derselben Zeit wie der Dom errichtet und wurde bis Ende des XIV. Jahrhunderts verschiedentlich erweitert. Das bedeutendste Element ist der herrliche *Kreuzgang*, in den man von der rechten Seite des Doms aus gelangt. Die eleganten Doppelsäulen, die Spitzbögen stützen, stammen von der Hand arabischer Meister. Mosaikdekorationen und lebhafte Skulpturen auf den Kapitellen kommen aus byzantinischen und moslemischen Werkstätten. Im Klosterhof steht in einer Einfriedung ein kunstvoller Brunnen, dem der maurische und spanische Einfluß deutlich anzusehen ist.

Die *Chiesa del Monte* ist barock, und der Innenraum ist mit Stukkaturen von P. Serpotta ausgeschmückt.

Die *Collegiata*, die ursprünglich aus dem XVII. Jahrh. ist, wurde später verändert und hat schöne Gemälde und Holzskulpturen.

Die *Chiesa di S. Castrense* ist auch barock und hat ein interessantes Gemälde von Novelli und Stuckarbeiten aus der Werkstatt der Serpotta aufzuweisen. Die kleine *Kirche S. Antonio* hat eine hübsche barocke Fassade aus dem XVIII. Jahrhundert. Vom öffentlichen Park *Belvedere* aus genießt man ein überwältigendes Panorama.

Die *Abtei S. Martino delle Scale* - ein Ferienort auf den Vorsprüngen oberhalb Monreale und der Ebene von Palermo - stammt aus der zweiten Hälfte des XVIII. Jahrh., und wurde von Venanzio Marvuglia verwirklicht, der ein schon bestehendes Benediktinergebäude erweiterte, welches auf Grund einiger Quellen von Gregor d. Großen im VI. Jahrh. gegründet worden war. In der Kirche aus dem XVI. Jahrh. können wir wertvolle Gemälde von Zoppo di Gangi, Filippo Paladino und Pietro Novelli und ein hölzernes Chorgestühl vom Ende des XVI. Jahrhunderts bewundern.

Die Reste der antiken Stadt Soluntum.

Die Villa Palagonia in Bagheria. ▶

SOLUNTUM

Ausgrabungszone von größtem archäologischen Interesse an terrassenartigem Hang des Monte Catalfano, inmitten einer überwältigenden Panoramalandschaft gelegen. Die ersten Siedlungen waren höchstwahrscheinlich phönizischen Ursprungs; neben dem benachbarten Palermo und Mozia war der Ort später punischer Stützpunkt, der zunächst von den Syrakusern (IV. Jahrh. v. Chr.) und anschließend von den Römern (III. Jahrh. v. Chr.) erobert wurde. Nach dem raschen Niedergang verließen die Einwohner den Ort, der ab dem II. Jahrhundert v. Chr. vollends verödete. Jüngere archäologische Forschungen schließen die Behauptung aus, daß der ältere Kern in Wirklichkeit in dem nahegelegenen Ort Pizza Cannita gelegen haben soll. Die Ausgrabungen brachten die Reste der ursprünglichen Siedlung ans Licht, die ähnliche städtische Merkmale aufwies wie andere archäologische Zonen der Insel und die man als spätklassisch bezeichnen könnte, mit späteren hellenistischen und römischen Überlagerungen. Im *Antiquarium* sind die Funde ausgestellt, die bei den archäologischen Grabungen ans Licht traten. Das *Gymnasium* ist zum Teil das Ergebnis eines in der zweiten Hälfte des vorigen Jahrhunderts erfolgten Wiederaufbaus und ist nach einer dort gefundenen griechischen Inschrift benannt. Zu den zahlreichen Wohnanlagen gehört auch die *Casa di Leda*, die Anfang der sechziger Jahre freigelegt wurde. Erwähnung verdienen noch die Überreste des kleinen *Theaters*, das einst 1200 Zuschauer faßte, und des benachbarten *Bouleuterion*, in dem Senatsversammlungen abgehalten wurden. In der höhergelegenen Zone des Grabungsgebietes lagen vermutlich die *Akropolis* und der ältere Teil der Siedlung.

BAGHERIA

Das einwohnerreiche Landwirtschafts- und Industriestädtchen erstreckt sich an den Südhängen des sich ins Meer vorschiebenden Monte Catalfano, der im Osten den Golf von Palermo begrenzt. Umgeben von ausgedehnten Zitrushainen, entwickelte sich der Ort ab dem XVII. Jahrhundert, als der palermitanische Adel ihn aufgrund der günstigen Klimabedingungen als Sommerfrische wählte. So entstanden hier in kurzer Zeit zahlreiche Villen und Residenzen, wo die Adligen gewöhnlich den heißen Sommer verbrachten. Unter dem Schutz des Hauses Branciforti di Butera erlebte der Ort durch den Bau prachtvoller Landsitze einen weiteren Aufschwung zwischen dem XVII. und XVIII. Jahrhundert. Die *Villa Gravina di Palagonia*, die in der ersten Hälfte des XVIII. Jahrhunderts erbaut wurde, zeichnet sich durch ihren ellipsenförmigen Grundriß aus; die Fassade inspiriert sich an klassischen Vorbildern, während sich unter den Skulpturen zum Teil phantastische und monströse Elemente finden. Die *Villa Gravina di Valguarnera* aus dem frühen XVIII. Jahrhundert greift in der prunkvollen Fassadengliederung und in der architektonischen Anordnung typische Ausdrucksformen der Renaissance auf. Der Skulpturenschmuck an der Fassade ist ein Werk von Marabitti. Die *Villa Bonanni di Cattolica* gehört ebenfalls der ersten Hälfte des XVIII. Jahrhunderts an; in ihren Räumen ist eine *Galerie für Moderne und Zeitgenössische Kunst* untergebracht, mit Werken des hier geborenen Guttuso und anderer Künstler unserer Tage.
Zu den zahlreichen Adelssitzen gehört auch die herrliche *Villa Branciforti di Butera* aus der zweiten Hälfte des XVII. Jahrhunderts.

CEFALÙ

Das reizende Städtchen erstreckt sich auf einem Bergvorsprung an der tyrrhenischen Küste im Schatten eines mächtigen Felsmassivs. Aufgrund des günstigen Klimas und der außergewöhnlichen Naturschönheiten und Kunstschätze gehört die Stadt zu den touristischen 'Perlen' der palermitanischen Provinz. Neben dem florierenden Fremdenverkehr verfügt Cefalù über Erwerbszweige wie die Fischerei und Landwirtschaft. Der Ursprung des Ortes ist sehr alt und geht möglicherweise auf die Prähistorie zurück; um das IV. Jahrhundert wird eine Stadt namens *Cephaloedion* erwähnt, die im Krieg gegen Syrakus mit den Karthagern verbündet war. Der Ortsname nimmt Bezug auf die bizarre Form des Steilhanges, der einem Kopf gleicht. Nach der Unterwerfung durch Syrakus erlebte die Stadt eine wechselvolle Geschichte, bevor sie in den Aktionskreis von Rom geriet (III. Jahrh. v. Chr.). In der zweiten Hälfte des IX. Jahrhunderts gehörte sie dem arabischen Emirat der Provinzhauptstadt an. Die höchste Blüte mit der Errichtung zahlreicher Monumente und einer städtebaulichen Ordnung erlebte die Stadt unter den Normannen (XI. Jahrh.); später wurde sie Lehen der mächtigen Adelshäuser Chiaramonte und Ventimiglia. In der zweiten Hälfte des vorigen Jahrhunderts beteiligte sich Cefalù aktiv, wenn auch mit wenig Erfolg, an der Revolte gegen die Bourbonen.

Zwei Ansichten des Domes von Cefalù.

Das Städtchen Cefalù, überragt von dem mächtigen Domkomplex. Im Inneren die Apsis mit dem prächtigen byzantinischen Mosaik des Christus Pantokrator *(rechts)*.

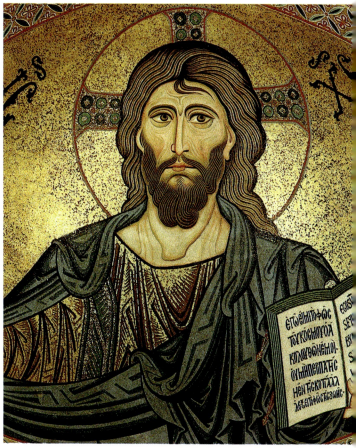

Die Struktur der wunderschönen **Kathedrale** greift die traditionellen architektonischen Typologien der normannischen Sakralbauten auf und gleicht in vielen Aspekten dem Dom von Monreale. Der in der ersten Hälfte des XII. Jahrhunderts begonnene Bau zog sich lange hin und blieb schließlich teilweise unvollendet. Eine Treppe führt zu dem umgitterten und mit Statuen geschmückten Kirchenvorplatz; die herrliche *Fassade* (XIII. Jahrh.) wird von zwei wuchtigen Türmen eingerahmt, in denen sich ein- und zweibogige Fenster öffnen. Der obere Fassadenabschnitt ist mit Blendbögen und verschlungenen Arkaden muselmanischer Herkunft geschmückt. Die untere spitzbogige Vorhalle stammt aus der ersten Hälfte des XV. Jahrunderts und wird Ambrogio da Como zugeschrieben. Architektonisch bedeutsam sind auch die rechte Flanke, das mächtige Querschiff und die dreigeteilte Apsis.

Das monumentale *Innere* hat basilikales Gepräge und gliedert sich in drei Schiffe mit wuchtigen Säulen, die in kunstvollen römischen und korinthischen Kapitellen enden und elegante Spitzbögen tragen, die arabischen Einfluß erkennen lassen. Im linken Schiff wird eine *Madonna* von Antonello Gagini bewahrt, das rechte Schiff enthält ein Taufbecken aus dem XII. Jahrhundert. Man betritt das Querschiff durch einen großen Spitzbogen, der auf riesigen Säulen ruht. Das erhöhte Presbyterium erstrahlt im Glanz herr-

31

licher, byzantinisch an mutender Mosaiken auf Goldgrund, die Christus als *Pantokrator* in segnender Haltung
(Apsisnische), umgeben von der *Jungfrau Maria, den Apo-*
steln und Erzengeln, zum Thema haben, während an den
Wänden der Tribuna *Patriarchen, Propheten und Heilige*
erscheinen.

Der angrenzende schöne **Kreuzgang** besticht durch seine
eindrucksvolle Architektur; besonders schön sind die
schlanken Doppelsäulen, die grazile Spitzbögen tragen.
Man beachte vor allem den Skulpturenschmuck an den Kapitellen, die phantastische Motive, mythologische Figuren
und kämpfende Tiere aufweisen.

Das **Osterio Magno** ist der Gebäuderest eines anmutigen
kleinen Palastes aus normannischer Zeit, in dem angeblich
Graf Roger (XII. Jahrh.) gewohnt hat, wenngleich einige
Quellen den Bau einer späteren Epoche zuordnen (XIV.
Jh.). Beachtenswert vor allem die kunstvollen Triforen und
die beiden Biforen des antiken Gebäudes.

Das **Museo Mandralisca** bewahrt wertvolle Gemälde des
vierzehnten bis sechzehnten Jahrhunderts; herausragend ein
wunderbares Werk, das Antonello da Messina zugeschrieben wird: *Bildnis eines Unbekannten*. Das Museum enthält
auch Fragmente eines Mosaikfußbodens aus der Römerzeit,
Ikonen in byzantinischem Stil und beachtenswerte archäologische Funde aus der Umgebung und aus Lipari. Von be-
sonderem Interesse sind ein griechisches Mosaik des II.-I.
Jahrhunderts v. Chr., der Krater von Lipari mit der Darstellung eines *Thunfischverkäufers*, ein bedeutendes Zeugnis
der großgriechischen Keramik des IV. Jahrhunderts v. Chr.
Ferner finden sich hier sizilianische Münzen, prähistorische
Funde, Gebrauchsgegenstände und Öllampen aus
griechisch-römischer Epoche, Vasen, Tonarbeiten, Skulpturen, Reliefs und großgriechische Keramiken.

Von der antiken Siedlung sind beachtliche Reste der poly-
gonalen **Stadtmauer** erhalten, die auf das IV. Jahrhundert
v. Chr. zurückgeht.

Auf der die Stadt überragenden Burg sind noch Reste eines
megalithischen Gebäudes des IV.-III. Jahrhunderts v. Chr.
zu sehen, das als **Diana-Tempel** bekannt ist.

Das gesamte Küstengebiet um Cefalù ist übersät mit erst-
klassigen Hotels, Apartmenthäusern und Feriendörfern.

An den Berghängen im Rücken der Stadt windet sich eine
Straße zum **Santuario di Gibilmanna** (XVII. Jahrh.) hin-
auf, das einen kostbaren Altar und eine *Madonna* aus der
Schule Gaginis bewahrt. Der Name dieser Wallfahrtsstätte
ist arabischer Herkunft und nimmt Bezug auf die hier häu-
fig anzutreffende Mannaesche.

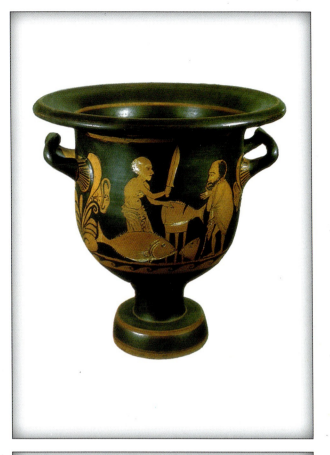

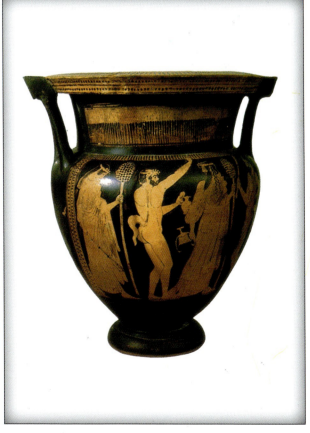

◄ *Zwei Panoramen von Cefalù und der antiken Stadt.*

Die berühmte griechische Vase mit der Szene des
Thunfischverkäufers aus dem IV. Jahrhundert v. Chr.
und ein attischer Krater von 480-470 v. Chr. im Museo
Mandralisca in Cefalù.

INSEL USTICA

Die Insel im tyrrhenischen Meer liegt etwa 50 km nordwestlich von Palermo. Ihre wilde Schönheit liegt in dem Kontrast zwischen den intensiven Farben der Küste und des Meeres einerseits und der herben Vulkanlandschaft (die in der geologischen Formation den Liparischen Inseln gleicht) andererseits.

Die ersten Einwohner waren Phönizier; später nannten die Griechen die Insel *Osteodes* ("Ossarium"), zur Erinnerung an die sechstausend karthagischen Gefangenen, die hier den Hungerstod gestorben sein sollen. Die Römer gaben ihr aufgrund des schwärzlich verbrannten Aussehens des Vulkangesteins den Namen *Ustum*. Auf der Insel wirkte ein Benediktinerkloster, um das sich der erste Siedlungskern scharte, der von sarazenischen Piraten mehrmals dem Erdboden gleichgemacht wurde. In der zweiten Hälfte des XVIII. Jahrhunderts wurde Ustica von den Bourbonen befestigt, so daß sich Siedler aus Palermo, Trapani und den Äolischen Inseln dauerhaft niederlassen konnten.

Der gleichnamige Inselort liegt an der Nordostküste und erstreckt sich an den Hängen des *Falconara*, eines Tuffberges, auf dem man Spuren einer antiken *Nekropole* mit unterirdischen Gräbern fand. Ein interessantes *Museum für Unterwasserarchäologie* wurde in der *Torre di S. Maria* eingerichtet.

An der als *Faraglioni* bezeichneten Stelle fand man eine prähistorische Siedlung aus der Bronzezeit (XIV.-XIII. Jahrh. v. Chr.).

Bilder von den mächtigen Faraglioni-Felsen vor der Insel Ustica.

In der Nähe einer alten Bastion am Hafen von Trapani verankerte Fischerboote.

TRAPANI

Geschichte. Keilartig schiebt sich die den Ägadischen Inseln vorgelagerte Stadt ins Meer. Sie liegt zwischen den Hügelketten von Erice und der schmalen halbinselartigen Landzunge nördlich der Küste des antiken "Lilybaeum", an der sich zahlreiche Salinen erstrecken. Die antike sikanische und elymische Gründung erhielt von den Griechen aufgrund ihrer sichelförmigen Geländeform den Namen *Drepanon*. In der ersten Hälfte des III. Jahrhunderts v. Chr. erlebte die inzwischen in punische Hände übergegangene Stadt einen starken Bevölkerungszuwachs, da auf den Befehl Hamilkars massenweise Einwohner aus Erice abgezogen wurden. Die Stadt, die in den Punischen Kriegen lange Zeit Streitobjekt war, fiel nach der Seeschlacht bei den Ägadischen Inseln (zweite Hälfte des III. Jahrh. v. Chr.) endgültig den Römern zu.

Nach dem Niedergang der römischen Macht lösten sich verschiedene Völker ab, unter deren Regierung die Stadt hervorragende Fähigkeiten im Handel entwickelte. Das schon unter den Arabern und Normannen bedeutende Hafenzentrum erlebte seine höchste Blüte unter dem Hause Aragon. Im sechzehnten Jahrhundert wurde die Stadt stark begünstigt durch Karl V., der sich auch an der Verstärkung der Befestigungsanlagen beteiligte. In den folgenden Jahrhunderten baute Trapani seinen Seehandel, das Fischereiwesen

und die Salzgewinnung auf seinem Territorium noch weiter aus. Zur Zeit des Risorgimento machte sich die Stadt zum aktiven Interpreten der Volksstimmung gegen die Bourbonen. Leider wurde das antike Stadtbild im Zweiten Weltkrieg stark zerstört und zeigt heute ein vorwiegend modernes Aussehen, insbesondere an der Festlandküste, wo ausgedehnte Neubauviertel mit rechteckigem Straßennetz entstanden sind. Der auf der Halbinsel gelegene Stadtteil zeichnet sich durch eine dichte urbanistische Struktur mit engen Straßen und charakteristischen Gassen aus.

Der bedeutende Fischerei-, Handels- und Yachthafen (Umschlaghafen für die Ägadischen Inseln) ist an die Verarbeitung von landwirtschaftlichen Erzeugnissen, die (wenn auch stark rückläufige) Salzgewinnung und an die Fischfangindustrie gebunden. Weitere wichtige Erwerbszweige sind die Verarbeitung von Korallen und Perlmutt (trotz des Rückganges in den letzten Jahren), Keramik und Marmorverarbeitung. Die Promenaden in Trapani konzentrieren sich auf die Via Torrearsa, den Corso Vittorio Emanuele und die Panorama-Allee Viale Regina Elena. Ein buntes Schauspiel bietet alltäglich der Fischmarkt mit seinem malerischen Ambiente. In der Nähe des Stadtviertels Palma wird donnerstags der typische Markt der "fliegenden Händler" abgehalten. Zu den folkloristischen Höhepunkten zählt die

Das Leben an der Küste von Trapani, wo noch Salz gewonnen wird.

Mysterienprozession am Karfreitag und Karsamstag, bei der Holzskulpturen durch die Stadt getragen werden.

Santuario dell'Annunziata. Das bedeutendste Baudenkmal von Trapani liegt gegenüber den Gärten der Villa Pepoli, fast am Ostrand der Stadt. Die Kirche entstand in der ersten Hälfte des XIV. Jahrhunderts, doch ist der heutige Bau das Ergebnis eines fast radikalen Neubaus aus dem XVIII. Jahrhundert.

Vom Originalbau stammt die mit Rosette und gotischem Portal geschmückte *Fassade*, neben der sich ein Kampanile mit Pyramidendach in reinstem Barockstil erhebt. Auf der linken Gebäudeseite erscheint die anmutige Apsispartie der Cappella dei Marinai (XVI. Jahrh.). Der einschiffige *Innenraum* trägt in der Ornamentik barocke und Rokokozüge. Die *Cappella della Madonna* hinter dem Hochaltar ist der künstlerischste Teil des Komplexes. Ein Bronzegitter aus dem XVI. Jahrhundert begrenzt den prächtig gestalteten Marmorbogen von Gagini aus der gleichen Epoche. Die mit farbigem Marmor prunkvoll ausgestattete Kapelle, über der sich eine arabisch anmutende Kuppel wölbt, bewahrt die vielverehrte *Madonna di Trapani*. Die kostbare Marmorskulptur stellt die *Jungfrau mit dem Kind* dar und wird für ein Werk von Nino Pisano oder seiner Schüler aus dem XIV. Jahrhundert gehalten. In einer anschließenden Kapelle, die ebenfalls mit farbigen Marmorintarsien verziert ist, befindet sich die silberne Statue des *Hl. Albertus*, des Schutzpatrons der Stadt.

Vom Castello del Balio oder Pepoli, das auf dem Tempel der Venus Erycina erbaut wurde, genießt man eine herrliche Aussicht.

ERICE

Das touristisch hochinteressante Städtchen liegt auf dem Gipfel des gleichnamigen Berges in einer landschaftlich einmaligen Gegend. In der Umgebung sind elymische Niederlassungen ab dem V. Jahrhundert v. Chr. nachgewiesen. Aufgrund seiner strategischen Bedeutung stand die Stadt schon in frühester Zeit im Mittelpunkt heftiger Auseinandersetzungen insbesondere zwischen den hellenischen Völkern und den Karthagern, die sie zusammen mit dem Hafen *Drepanon* eroberten. Nachdem sie in der ersten Hälfte des III. Jahrhunderts v. Chr. von den Puniern zerstört worden war und man die Einwohner nach Trapani umsiedelte, stritten sich die Römer lange um die Stadt, die sie 241 v. Chr. dauerhaft eroberten. In der Römerzeit war der Ort stark besucht wegen des berühmten Heiligtums zu Ehren der Venus Erycina. Die **Chiesa Matrice** wurde im XIV. Jahrhundert gegründet; neben der Kirche erhebt sich ein mächtiger Zinnenturm mit Zwillingsfenstern. Der Fassade mit schöner schmückender Rosette ist ein gotisierender spitzbogiger Baldachin vorgelagert, der im XV. Jahrhundert angefügt wurde und unter dem ein wunderschönes gotisches Portal liegt. Das dreigeteilte Innere ist das Ergebnis einer neugotischen Umgestaltung aus dem vorigen Jahrhundert. Im rechten Seitenschiff befindet sich am dritten Altar eine *Madonna*, wahrscheinlich ein Werk von Laurana (XV. Jahrh.). Im linken Schiff liegen Kapellen aus dem XV.-XVI. Jahrhundert. Das marmorne Retabel im Presbyterium

(XVI. Jahrh.) stammt von G. Mancino. Die **Kirche S. Giovanni Battista** ist ein Gebäude aus der gotisch-normannischen Zeit, aus der noch das Originalportal (XIII. Jahrh.) erhalten ist. Die im XVII. Jahrhundert stark veränderte Kirche bewahrt beachtenswerte Skulpturen, unter anderem einen *Evangelist Johannes* von Antonello Gagini und eine Darstellung des *Täufers* von Antonio Gagini. Der **Mauergürtel** entstand in mehreren Epochen; wenig ist erhalten von der megalithischen Stadtmauer aus dem VI. Jahrhundert v. Chr., die großenteils in römischer und normannischer Zeit erneuert wurde. Im Innern des sogenannten **Castello di Venere**, eines normannischen Baus aus dem XII.-XIII. Jahrhundert, fand man geringfügige Reste der **Kultstätte der Venus Erycina**. Von der Höhe der senkrecht abstürzenden Burgruine genießt man ein herrliches Panorama vom Capo di S. Vito bis zu dem tieferliegenden Trapani mit den Agadischen Inseln im Hintergrund, zu den Salinen und zur Küste des antiken "Lilybaeum" in Richtung Marsala und Valderice. Das von dem herrlichen **Giardino del Balio** umgebene **Castello Pepoli** liegt an der Stelle der antiken Akropolis. Das **Museo Civico A. Cordici** ist im Rathauspalast untergebracht. Die Sammlungen des Museums enthalten archäologisches Material von der Prähistorie bis zur Römerzeit (bedeutsam ein *Aphrodite-Kopf*, V.-IV. Jahrh. v. Chr.) sowie Gemälde vom Seicento bis zum vorigen Jahrhundert. Sehenswert sind auch die Münzsammlung und eine marmorne *Verkündigung*, die Antonello Gagini (erste Hälfte XVI. Jahrh.) zugeschrieben wird.

Der Strand und der Golf des malerischen Städtchens.

CASTELLAMMARE DEL GOLFO

Idyllisches Seebad in der Mitte des gleichnamigen Golfes gelegen, mit charakteristischen landschaftlichen Merkmalen. In der Antike bildete der Ort wahrscheinlich den Zugang zum Meer für Segesta; im Mittelalter gehörte er zum Besitz von Alcamo und hieß *Porto d'Alcamo*.

Das im XIV. Jahrhundert errichtete *Kastell* wurde durch spätere Umbauten stark verändert.

In der nahegelegenen Ortschaft *Terme Segestane* sprudeln hyperthermische Quellen mit salz- und schwefelhaltigem Wasser, das auch für Fango- und Dampfbäder verwendet wird. Die Quellen entwickeln besondere Heilkräfte bei Arthropathie, Arthrithis und Neuritis, Rheumatismus, Hautkrankheiten, Stoffwechselkrankheiten und Erkrankungen des Atmungsapparates.

Westlich von Castellammare ragen an der malerischen Küste von *Scopello* die eindrucksvollen *Faraglioni*-Klippen aus dem Meer, die den außergewöhnlichen Reiz der Landschaft noch unterstreichen.

ALCAMO

Das Städtchen, in dem im dreizehnten Jahrhundert der berühmte Bänkelsänger Ciullo (oder Cielo) d'Alcamo geboren wurde, erstreckt sich in herrlicher Lage an den Hängen des Monte Bonifato vor der einzigartigen Kulisse des Golfes von Castellammare. Der Name geht auf den Araber Alqamah zurück, der die Stadt im IX. Jahrhundert gegründet hatte. In der Stauferzeit (XIII. Jahrh.) entstand am Fuß

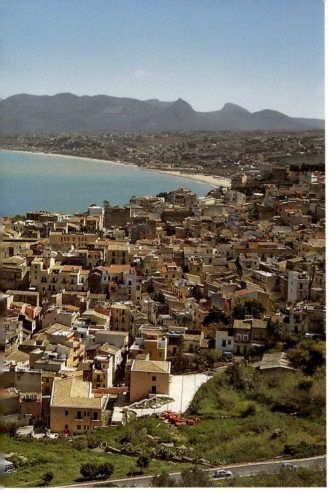

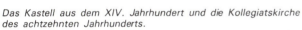
Das Kastell aus dem XIV. Jahrhundert und die Kollegiatskirche des achtzehnten Jahrhunderts.

des Monte Bonifato ein neuer Siedlungskern. Im folgenden Jahrhundert stand die Stadt unter der Herrschaft der Aragonier und wurde dann Lehen verschiedener Adelshäuser. Die **Chiesa Matrice**, eine Marienkirche (S. Maria Assunta) aus dem XVII. Jahrhundert, wurde an der Stelle einer Vorläuferkirche des XIV. Jahrhunderts erbaut, von der noch das Portal und der elegante Glockenturm zu sehen sind. Das dreigeteilte Innere enthält Apsis- und Kuppelfresken von W. Borremans sowie Werke von Antonello Gagini, unter anderem den *Tod der Jungfrau* (linkes Schiff) und ein *Kruzifix* (rechtes Schiff). Weitere Werke stammen von seinen Schülern.

In der **Kirche S. Francesco** (XVII. Jahrh.) werden ein marmornes Retabel, vermutlich ein Werk von Domenico Gagini, und zwei Antonello Gagini zugeschriebene Skulpturen, *Magdalena* und der *Hl. Markus*, bewahrt.

Die **Badia Nuova**, auch als *S. Francesco di Paola* bekannt, birgt ein Gemälde von P. Novelli und allegorische Darstellungen von G. Serpotta.

In der **Kirche S. Salvatore** (*Badia Grande*) befinden sich weitere Gemälde von Novelli und Skulpturen von Antonio Gagini. In der **Kirche S. Oliva** (XVIII. Jahrh.) sind ein Gemälde von Novelli (Hochaltar) und Werke von Gagini zu sehen, unter anderem die Darstellung der Patronin, die Antonello zugeschrieben wird. Die **Kirche S.S. Paolo e Bartolomeo**, die typisch barocke Züge trägt, enthält eine wertvolle *Madonna del Miele*. Das *Castello* (XIV. Jahrh.), ein viereckiger Bau mit wuchtigen Ecktürmen, geht auf die aragonische Zeit zurück.

Panoramablick und Ossarium aus der Schlacht in Calatafimi.

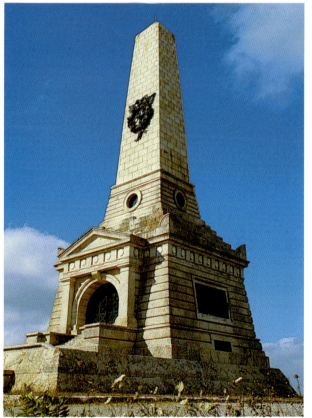

CALATAFIMI

Dieses große ländliche Zentrum im oberen Val di Mazara, das bereits vor der römischen Eroberung besiedelt war, entfaltete sich unter arabischer Herrschaft rings um eine Festung, nach welcher der Ort benannt ist. Der spätere mittelalterliche Lehnssitz gewann erneut Bedeutung während der Kampagne Garibaldis in Sizilien, da sich hier eine denkwürdige Schlacht abspielte (15.5.1860), die für die Einnahme Siziliens entscheidend war.

Sehenswert sind die Reste des *Kastells* (XIII. Jahrh.) und einige barocke Kirchen. In der Nähe erinnert ein *Ossarium* an die Schlacht zwischen Garibaldinern und Bourbonen.

Auf dieser und den folgenden Seiten, einige Bilder des gewaltigen dorischen Tempels aus dem V. Jahrhundert v. Chr. und des Theaters aus dem IV.-III. Jahrhundert v. Chr.

SEGESTA

Die elymische Gründung, in ständigem Konflikt mit Selinunt, erhielt von den hellenischen Völkern den Namen *Egesta*. Als Verbündete der Karthager wurde sie von den Syrakusern belagert, die sie gegen Ende des IV. Jahrhunderts v. Chr. einnahmen. Nach einer wechselvollen Geschichte unterwarf sie sich schließlich Rom (erste Hälfte des III. Jahrh. v. Chr.). Die antike Stadt erstreckte sich an den Terrassenhängen des Monte Barbaro. Nach der römischen Eroberung wanderte die Bevölkerung allmählich ab, und die Vandalen vollendeten das Zerstörungswerk.

Der *Tempel*, eines der bezeichnendsten Zeugnisse der dorischen Baukunst aus der zweiten Hälfte des V. Jahrhunderts v. Chr., liegt außerhalb des Stadtgebiets auf einem westlichen Abhang des Monte Barbaro. Der Bau gehört zu den besterhaltenen Tempeln in unserem Land; der dorische Peristyl, der nie vollendet wurde, weist einen mächtigen Umgang mit archaischen Säulen auf, die auf einem dreistufigen Sockel ruhen; darüber verläuft der mächtige Architrav mit zwei Giebeln.

Das *Theater* aus dem IV.-III. Jahrhundert v. Chr. ist landschaftlich wunderschön gelegen. Die zum Teil in einen Hang hineingebaute Anlage besitzt eine Cavea, deren auf 20 Stufen angeordnete Sitzreihen in 7 Zuschauerblöcke unterteilt sind. Wenig ist erhalten von der Skene, deren Mauern mit Pan-Darstellungen geschmückt waren.

In *Contrada Mango* traten die beachtlichen Überreste eines elymischen *Heiligtums* aus dem VI.-V. Jahrhundert v. Chr. ans Licht, auch wenn das dort gefundene archäologische Material (Keramiken, Inschriften und Graffiti) schwer zu entziffern und zu deuten ist.

Die barocke Chiesa Madre.

Blick von oben auf das historische Zentrum.

Die Ruinen aus dem III. Jahrhundert v. Chr. und ein ►
Bodenmosaik mit Gorgohaupt in der Insula Romana.

MARSALA

Die einwohnerreichste Stadt der Provinz Trapani liegt an der westlichsten Spitze Siziliens, am Capo Boeo, auch *Capo Lilibeo* genannt. Das heutige Stadtgebiet war einst vermutlich von sikanischen Völkern besiedelt; Anfang des IV. Jahrhunderts v. Chr. nahm das karthagische *Lilybaeum* die Stellung des nahegelegenen Mozia ein. Der Name der Stadt, die später von den Römern eingenommen wurde und sich im Mittelalter zu einem blühenden Zentrum entwickelte, leitet sich aus dem arabischen Marsa' Alì (Hafen des Alì) her. Nachdem sie im XII. Jahrhundert von den Normannen in Besitz genommen wurde, ging sie später an das Haus Aragon über; ab dem XVI. Jahrhundert ging die Bedeutung von Marsala stark zurück infolge der künstlichen Zuschüttung des Hafenbeckens, mit der man die Stadt vor den regelmäßigen Piratenüberfällen schützen wollte. Marsala und sein florierender Handel erlebten erneut eine Blütezeit im XVIII. Jahrhundert, als die Engländer die mit der Weinerzeugung verbundenen Erwerbszweige ankurbelten. In Marsala landete Garibaldi mit dem legendären "Zug der Tausend" (11.5.1860).

Der *Palazzo Comunale*, auch *Loggia* genannt, ist ein eleganter Bau aus dem siebzehnten Jahrhundert, dessen zweistöckige Fassade sich durch den Säulengang im Obergeschoß und die Loggia im Erdgeschoß auszeichnet. In der Mitte der Fassade erhebt sich ein Uhrturm.

Der *Dom* ist ein Bau aus dem XVII.-XVIII. Jahrhundert mit unvollendeter Fassade. Das dreischiffige Innere birgt verschiedene Werke aus der Schule Gaginis. Beachtenswert vor allem in der Kapelle links vom Presbyterium ein Antonello Gagini zugeschriebenes Marmorretabel. Im rechten Querschiff ist ein schönes Gemälde von Riccio (Ende XVI. Jahrh.) zu sehen. Das *Museo Nazionale Lilibeo* befindet sich im Baglio Anselmi, einer ehemaligen Weinkellerei. Das Museum enthält außergewöhnliche archäologische Funde, antike Grabbeigaben, Material aus Mozia (man beachte eine *männliche Figur* aus Marmor, griechisches Original des V. Jahrh. v. Chr.), Zeugnisse aus der Römerzeit, Mosaikdekorationen und mittelalterliche Kunst. Die kleine *Kirche S. Giovanni* steht an der Stelle eines frühchristlichen Baptisteriums, in dem die Sibylle von Lilybaeum gewohnt haben soll. Unter der Taufkapelle kann man eine Grotte besichtigen, wo ein Brunnen und eine Mosaikdekoration aus der Römerzeit zu sehen sind.

Die sogenannte *Insula Romana* ist eine archäologische Zone, in der Zeugnisse aus der Römerzeit ans Licht traten; es handelt sich um große Räume aus dem III. Jahrhundert v. Chr. mit einer Fülle von Mosaikdekorationen und Teilen eines kleinen Thermalbaus. Im Nordosten von Marsala, auf der *Insel S. Pantaleo* im sogenannten *Stagnone*, liegen die Ruinen von *Mozia*. Das antike *Motye* war mit Palermo und Soluntum einer der Hauptstützpunkte der phönizischen Kolonisation in Sizilien.

Der Hafenkanal und die zentralgelegene Piazza della Repubblica mit der Statue des Hl. Vitus.

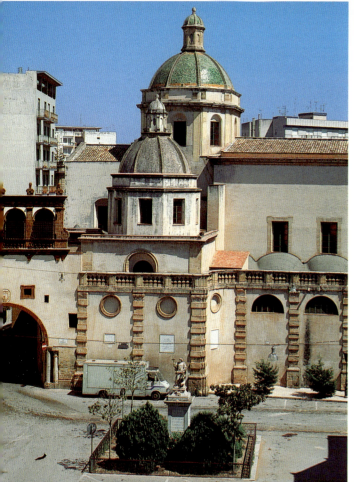

MAZARA DEL VALLO

Das am Hafenkanal der Mazaro-Mündung gelegene Städtchen ist ein florierendes Weinbau- und Fischereizentrum und gehört zu den fortschrittlichsten Handels- und Fischereihäfen Westsiziliens. Der antike phönizische Hafen stand vor der Ankunft der Karthager (V. Jahrh. v. Chr.) und der darauffolgenden römischen Kolonisierung lange Zeit unter dem Herrschaftsbereich von *Selinunt*. Im Mittelalter hieß die Stadt *Selinuntina* und stieg unter den Arabern und Normannen zu einem blühenden Zentrum auf.

Die *Kathedrale* (XI. Jahrh.) ist das Ergebnis eines Wiederaufbaus aus dem späten siebzehnten Jahrhundert. Die von einem mächtigen Glockenturm flankierte Fassade enthält ein Portal mit einem Relief, das Graf Roger darstellt (XVI. Jahrh.). Das dreischiffige Innere ist reich ausgeschmückt mit Skulpturen, vor allem im Apsisbereich, der eine *Verklärung Christi* von Antonio Gagini mit Dekorationen und Stuckarbeiten der Ferraro enthält. Im linken Querschiff die *Verspottung Christi* von I. Marabitti und eine Statue des *Hl. Vinzenz* von Antonello Gagini.

Die hinter der Kathedrale gelegene *Kirche S. Caterina* bewahrt eine Statue der Patronin von Antonello Gagini.

Die zentralgelegene *Piazza della Repubblica*, auf den die eleganten Fassaden von Gebäuden des XVIII. Jahrhunderts weisen, ziert eine *Statue des hl. Vitus* in barockem Stil von

I. Marabitti (zweite Hälfte XVIII. Jahrh.).
S. Nicolò Regale ist eine kleine Kirche, deren Gründung auf normannische Zeit (XII. Jahrh.) zurückgeht. Der einzigartige Bau mit quadratischem Grundriß wird von Zinnen bekrönt.

DIE ÄGADISCHEN INSELN

Diese Inselgruppe vor der Küste von Trapani hat ähnliche Ursprünge und geologische Merkmale wie Sizilien, auch wenn die Nähe Afrikas sich im Klima und in der Vegetation niederschlägt. Das Archipel, das in den vergangenen Jahren hervorragende Fremdenverkehrseinrichtungen mit großen Hotelkomplexen und gutorganisierten Apartmenthäusern geschaffen hat, besteht aus den Inseln Favignana, Levanzo und Marettimo sowie den Felseninseln *Formica* und *Maraone*.
Im klassischen Altertum hießen die Inseln *Aegetes*; während der Punischen Kriege waren sie Schauplatz der berühmten Schlacht, in der die römische Flotte die Karthager besiegte (243 v. Chr.).
Favignana, die größte der Inseln, liegt im südlichen Teil des Archipels. Das römische *Aegusta* brachte aufschlußreiches archäologisches Material von der Prähistorie bis zur punischen Zeit ans Licht. Der gleichnamige Hauptort befindet sich an der Westküste an den Hängen des Monte S. Caterina, der höchsten Erhebung der Insel (314 m).
Levanzo liegt nördlich von Favignana, gegenüber von Tra-

Favignana, die größte der Ägadischen Inseln.

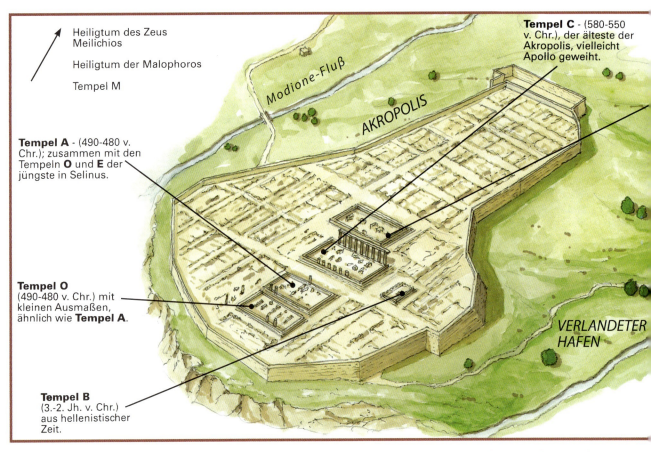

Heiligtum des Zeus Meilichios

Heiligtum der Malophoros

Tempel M

Tempel A - (490-480 v. Chr.); zusammen mit den Tempeln **O** und **E** der jüngste in Selinus.

Tempel O (490-480 v. Chr.) mit kleinen Ausmaßen, ähnlich wie **Tempel A**.

Tempel B (3.-2. Jh. v. Chr.) aus hellenistischer Zeit.

Modione-Fluß

AKROPOLIS

Tempel C - (580-550 v. Chr.), der älteste der Akropolis, vielleicht Apollo geweiht.

VERLANDETER HAFEN

Rechts, die Reste des Tempels C.

pani, und damit der sizilianischen Küste am nächsten. Die höchste Erhebung der Insel ist der Pizzo del Monaco (278 m), der gleichnamige Inselort mit Anlegestelle liegt an der Südküste. Die von den Römern *Phorbantia* genannte Insel besitzt bedeutende Zeugnisse aus dem Paläolithikum und Neolithikum.

Marettimo ist die westlichste Insel des Archipels und auch die höchste: der Pizzo Falcone erreicht eine Höhe von 884 m. Die in der Antike *Hiera* genannte Insel war lange im Besitz der Araber.

SELINUNT

Der in jüngerer Zeit eingerichtete Archäologische Park umfaßt ein weites Gelände in der Gemeinde Castelvetrano, wo zwischen dem Gaggera-Hügel im Westen und der sogenannten Collina Orientale im Osten die Ruinen der antiken Stadt Selinunt verstreut liegen.

Erste Siedlungsspuren aus dem VII. Jahrhundert v. Chr. fand man in der Nähe des Flusses Selinos (heute Modione), nach dem die neue Kolonie benannt war, die von Einwohnern aus Megara Hyblaea gegründet wurde. In ständigem Konflikt mit den Elymern, zu deren wichtigsten Städten Segesta gehörte, war die Kolonie lange Zeit auch Karthago

feindlich gesinnt. Karthago, das den Einwohnern von Segesta zu Hilfe kam, schritt zur Belagerung von Selinunt (409 v. Chr.), die in der Verwüstung der Stadt, dem Massaker eines großen Teils der Bevölkerung, der Gefangenschaft von mindestens 5000 Einwohnern von Selinunt und der Zerstörung der Tempel gipfelte. Hermokrates aus Syrakus versuchte vergeblich, die — bis auf die Akropolis — verfallene antike Stadt wiederaufzubauen. Den dunklen Jahren der punischen Besetzung folgte die völlige Zerstörung der Stadt durch die Überlebenden, die damit die römische Eroberung verhindern wollten (241 v. Chr.). Im Hochmittelalter verwüstete ein schweres Erdbeben wertvolle Baudenkmäler; seitdem setzte ein unaufhaltsamer Verfall ein. Im finsteren Mittelalter verloren sich auch die Spuren der antiken griechischen Stadt. Erst in der zweiten Hälfte des XVI. Jahrhunderts entdeckte Fasello die von den Arabern einst *Casale degli Idoli* genannte Stadt. Mit den ersten Ausgrabungen wurde in der ersten Hälfte des vorigen Jahrhunderts begonnen, und erst in jüngerer Zeit gab man dem hochinteressanten Grabungsgebiet mit der Schaffung eines archäologischen Parks und der noch nicht abgeschlossenen Einrichtung des Antiquariums eine definitive Form.

Von der *Akropolis* sind beachtliche Reste der unter karthagischer Herrschaft restaurierten *Umfassungsmauer* sowie die Reste der mächtigen Befestigungsanlagen von Hermo-

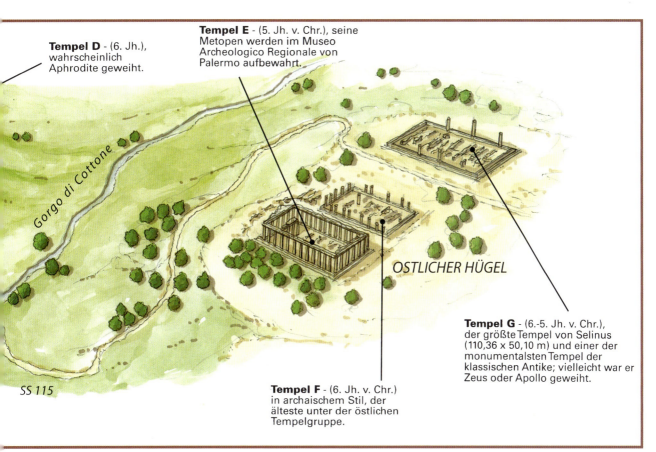

Tempel D - (6. Jh.), wahrscheinlich Aphrodite geweiht.

Tempel E - (5. Jh. v. Chr.), seine Metopen werden im Museo Archeologico Regionale von Palermo aufbewahrt.

Gorgo di Cottone

OSTLICHER HÜGEL

SS 115

Tempel F - (6. Jh. v. Chr.) in archaischem Stil, der älteste unter der östlichen Tempelgruppe.

Tempel G - (6.-5. Jh. v. Chr.), der größte Tempel von Selinus (110,36 x 50,10 m) und einer der monumentalsten Tempel der klassischen Antike; vielleicht war er Zeus oder Apollo geweiht.

Die Ruinen des Tempels B und einige Ansichten der Akropolis (VI.-V. Jahrhundert v. Chr.).

krates erhalten. Im unteren Teil erkennt man Spuren eines *heiligen Bezirks* und von *Wohnhäusern* aus punischer Zeit. Die Tempel von Selinunt sind mit alphabetischen Buchstaben bezeichnet, da man bisher nicht in der Lage war, die Gottheiten zu bestimmen, denen sie geweiht waren. Geringfügige Reste stehen noch vom *Tempel O*, einem ursprünglich dorischen Peripteros, der an der Fassade wahrscheinlich sechs Säulen und an den Langseiten je zwölf Säulen aufwies. Nördlich davon sind die Überrreste eines weiteren dorischen Peripteros zu sehen, der dem ersten gleicht, jedoch in besserem Erhaltungszustand ist. Von diesem sogenannten *Tempel A* wurde auch der Altar gefunden; beide Tempel scheinen aus der ersten Hälfte des V. Jahrh. v. Chr. zu stammen. In dem Bezirk traten die Reste eines mit Portikus versehenen Peripteralgebäudes ans Licht, das zur gleichen Zeit wie die Tempel entstanden ist und vermutlich als Monumentaleingang diente.

Jenseits der Straße, die die Akropolis durchquert, erheben sich die Ruinen des *Tempels B*, eines kleinen Gebäudes, das möglicherweise dem Äskulap geweiht war. Der Tempel mit vier Säulen an der Front datiert aus dem III.-II. Jahrhundert und weist in den stilistischen Überlagerungen mit dorischen und ionischen Elementen ein für die damalige Zeit typisches Baumerkmal auf.

In der Nähe erheben sich die kolossalen Ruinen des *Tempels C*, des ältesten und großartigsten der Tempelbauten von Selinunt. Seine Gründung geht auf die erste Hälfte des VI. Jahrhunderts v. Chr. zurück. Der Peripteros weist sechs Frontsäulen auf; einige Säulen und ein Teil des Gebälks wurden in jüngerer Zeit wiederaufgerichtet. Die Cella, der vier Säulen vorgelagert sind, trug an den Fronten eine Reihe von Metopen, die zu den Meisterwerken der Bildhauerkunst in Selinunt zählen. Sie sind zum Teil im Archäologischen Museum von Palermo zu sehen, wo auch andere Dekorationen und Tonschmuck aus dem Tempel bewahrt werden.

Wenig entfernt sieht man die Reste des sogenannten *Tempels D*, eines dorischen Peripteros, der ursprünglich aus sechs Frontsäulen und dreizehn Langhaussäulen bestand und vermutlich nach der ersten Hälfte des VI. Jahrhunderts v. Chr. erbaut wurde. Auf dem übrigen Akropolisgelände finden sich neben *Häusern* aus punischer Zeit und Resten von *Werkstätten* und Gewerbegebieten Spuren kleinerer *Tempelbauten*, die bedeutende archäologische Zeugnisse bargen, wie die *Salinas-Metopen*, die im Museum in Palermo bewahrt werden.

Am oberen Rand der Akropolis steht mitten in karthagischen Befestigungsbauten die *Porta Settentrionale*. Auf dem östlichen Hügel (Collina Orientale) erheben sich in perfekter Anordnung zueinander die mit den Buchstaben E, F und G bezeichneten Tempel.

Der am nördlichsten gelegene *Tempel G* war zweifellos das monumentalste und größte der drei Gebäude. Er

Zwei Aufnahmen des Tempels E aus dem V. Jahrhundert v. Chr., der möglicherweise dem Herakult geweiht war.

Auf Seite 54 weitere Bilder des Tempels E mit der Cella.

entstand in der zweiten Hälfte des VI. Jahrhunderts, doch trat das Zerstörungswerk der Karthager ein, noch bevor er vollendet war. Die verbliebenen kolossalen Ruinen ließen immerhin eine genaue Rekonstruktion des Grundrisses zu, aus dem sich das Bild eines der bezeichnendsten Zeugnisse der griechischen Tempelarchitektur ablesen läßt. Der Pseudoperipteros besaß ursprünglich acht Säulen an der Front und je siebzehn an den Langseiten; der von einer doppelten Kolonnade mit je zehn Säulen geteilten Cella war ein viersäuliger Pronaos vorgelagert. Man nimmt an, daß der Tempel Apollo oder dem Olympischen Jupiter geweiht war. Der **Tempel F**, der kleinste der drei Heiligtümer, geht auf die Mitte des VI. Jahrhunderts v. Chr. zurück und ist mit sechs Frontsäulen und je vierzehn seitlichen Säulen ausgestattet. Im Innern lag die Cella mit Pronaos, die der Aufnahme des Kultbildes diente. Von den zahlreichen Tondekorationen, die einst den Tempel schmückten, sind nur zwei Metopen mit mythologischen Motiven erhalten.

Auf dem unteren Hügelgelände steht der **Tempel E**, dessen heutiges Aussehen das Ergebnis eines Wiederaufbaus aus jüngster Zeit ist. Die dabei angewandten modernen Bautechnologien gelten als sehr umstritten. Das ursprüngliche

Gebäude war ein dorischer Peripteros mit sechs zu fünfzehn Säulen. Er wurde in der ersten Hälfte des V. Jahrhunderts v. Chr. höchstwahrscheinlich auf einem viel älteren Vorläuferbau errichtet. Die mit vorgebautem Pronaos ausgestattete Cella trug Metopen mit mythologischen Darstellungen, von denen einige im Archäologischen Museum in Palermo ausgestellt sind. Vieles deutet darauf hin, daß der Tempel dem Herakult geweiht war.

Auf dem Hügel Collina della Gaggera liegen die Reste des sogenannten *Heiligtums der Malaphoros*. Es handelt sich um eine der berühmtesten und ältesten Kultstätten des sizilianischen Altertums, deren Erbauung vermutlich in die Zeit zwischen dem VII. und VI. Jahrhundert v. Chr. fällt. Die Bezeichnung nimmt Bezug auf den Kult der Demeter, "Überbringerin des Granatapfels", der möglicherweise hier ausgeübt wurde. Die Tempelruinen befinden sich in einer Einfriedung, die verschiedene heilige Bezirke umfaßt.

Nördlich des letztgenannten Tempels sieht man das *Heiligtum des Zeus Meilichios* (Reste einer quadratischen Einfriedung) und den *Tempel M*, ein rechteckiges Gebäude des VI. Jahrhunderts v. Chr., bei dem es sich mit größter Wahrscheinlichkeit um einen Monumentalbrunnen handelt.

Die Porta San Salvatore aus dem XVI. Jahrhundert.

Der Palazzo Steripinto aus dem Cinquecento.

SCIACCA

Das vielbesuchte See- und Thermalbad an der Küste von Agrigent erstreckt sich auf einer Reihe von Hügelhängen, die jäh zum Meer abfallen. Sein hellenistischer Ursprung geht auf die Kolonisation von Selinunt zurück. Die therapeutischen Eigenschaften der Thermalquellen waren bereits zur Römerzeit bekannt, als der Ort *Termae Selinuntinae* und später *Aquae Larodes* hieß. Im Mittelalter unterstand es zunächst den Arabern und gelangte dann in die Hände der Normannen. Die *aragonische Stadtmauer*, von der einzelne Trakte erhalten sind, stammt aus dem XVI. Jahrhundert. Das *Steripinto* ist ein Gebäude aus dem XV. Jahrhundert im spanisch-platteresken Stil, das ein diamantartig behauenes Bossenwerk mit Zinnen und Biforien aufweist.

In der Nähe, an der *Porta S. Salvatore* (XVI. Jahrh.) befindet sich die *Chiesa del Carmine*, eine barock anmutende Kirche mit gotischem Fassadengiebel. Auf der gegenüberliegenden Straßenseite steht die *Kirche S. Margherita*, die im XIV. Jahrhundert erbaut und im XVI. Jahrhundert wiederhergestellt wurde. Das Portal an der Fassade weist gotische Merkmale auf; der Stil des Seitenportals inspiriert sich an der Übergangszeit zwischen Gotik und Renaissance (XV. Jahrh.) und ist mit Reliefs von P. de Bonitate und F. Laurana geschmückt. Die Stuckdekorationen im Innern stammen aus dem XVII. Jahrhundert (O. Ferraro). Auf der gleichen Straße steht die anmutige *Casa Arone* aus dem

XV. Jahrhundert mit eleganten Zwillingsfenstern an der Fassade.

Der *Dom* wurde unter den Normannen erbaut (XII. Jahrh.), jedoch im XVIII. Jahrhundert radikal erneuert. Vom Originalbau ist die Apsispartie erhalten; an der Fassade und im Innern befinden sich Skulpturen, von denen einige das Werk von Antonello und Domenico Gagini sind. In der nahegelegenen *Casa Scaglione* wurden vor kurzem eine Pinakothek und eine Münzsammlung eingerichtet. An der Via del *Castello Luna*, einem Gebäude aus der zweiten Hälfte des XIV. Jahrhunderts, von dem nur noch der Mauerring und ein Rundturm zeugen, steht das *S. Nicolò* genannte romanische Kirchlein aus dem XII. Jahrhundert mit linearer Fassade und drei kleinen Apsiden an der Rückseite. Im höhergelegenen Teil des Städtchens liegt die Piazza G. Noceto, wo die *Kirche S. Michele* aus dem XVI. Jahrhundert steht; in einem Abschnitt der Stadtmauer des XVI. Jahrhunderts öffnet sich das Stadttor *Porta S. Calogero*. Auf dem *Monte S. Calogero*, der in 388 Meter Höhe das Städtchen überragt, finden sich die *Stufe di S. Calogero*, radioaktive Dampfquellen, die für therapeutische Zwecke eingesetzt werden. Die im Umland gemachten prähistorischen Funde unterstützen die These, daß die Dampfquellen bereits in frühester Zeit genutzt wurden. Auf dem Berggipfel liegt in herrlicher Landschaft das *Santuario di S. Calogero*; im Innern befindet sich eine beachtenswerte *Statue des Heiligen*, die G. Gagini in der ersten Hälfte des XVI.

55

Panoramablick auf den Hafen und das Städtchen.   *Einige Ansichten der Inseln Lampedusa und Linosa.* ►

Jahrhunderts schuf. Der Thermalbad-Komplex von Sciacca umfaßt die *Nuove Terme*, die natürlichen Dampfquellen *Stufe di Calogero* und mehrere Kurhotels, unter anderem das Hotel *Sciaccamare*.

INSEL LAMPEDUSA

Die größte der Pelagischen Inseln, die an ihrer höchsten Stelle 133 Meter erreicht, liegt von allen italienischen Inseln der nordafrikanischen Küste am nächsten. Erste menschliche Siedlungen datieren aus der Prähistorie, wie sich an Funden aus der Bronzezeit und einigen megalithischen Bauten nachweisen läßt. Die schon bei den Römern bekannte Insel (*Lopadusa*) war Schauplatz eines Seekrieges zwischen Arabern und Byzantinern. Nachdem sie lange Zeit unbewohnt blieb, war sie unter Ferdinand II. erneut besiedelt. Während des zweiten Weltkrieges stand Lampedusa im Mittelpunkt der alliierten Militärmanöver. Im Verlauf einer akuten internationalen Krise in jüngster Zeit streiften lybische Raketen die Insel.

Lampedusa, in der Mitte einer Bucht gelegen, ist der einzige größere Ort der Insel. Die Landschaft zeichnet sich durch Steilküsten und die typisch mediterrane Macchia aus. Die Bevölkerung lebt hauptsächlich von der Fischerei und Schwämmen. Die Landwirtschaft ist aufgrund des permanenten Wassermangels stark benachteiligt.

INSEL LINOSA

Die erste Insel, auf die man im Kanal von Sizilien stößt, gleicht einem Wüstenfelsen und bildet mit Lampedusa und Lampione die Gruppe der Pelagischen Inseln. Sie ist vulkanischen Ursprungs und hieß im Altertum *Aetusa* (*Algusa*); ihre höchste Erhebung, der Monte Vulcano, ist 195 Meter hoch. Der einzige größere Inselort ist *Linosa*, ein typisch mediterranes Bauern- und Fischerdorf.

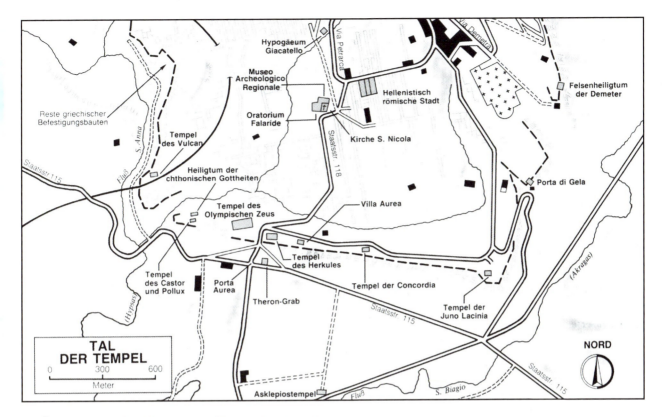

◄ *Die Überreste des im V. Jahrhundert v. Chr. erbauten Tempels des Castor und Pollux.*

AGRIGENT

Geschichte. Die Stadt liegt auf einem gebirgigen Hochplateau, das von den Becken der Flüsse S. Anna (in der Antike *Hypsas*) und S. Biagio (in der Antike *Akragas*) begrenzt wird. Von der landschaftlich wunderschön gelegenen Stadt überblickt man das malerische Tal der Tempel bis zur Südküste. Die Gründung wird von den griechischen Inseln stammenden Siedlern zugeschrieben, die sich mit den Bewohnern des benachbarten Gela verbündeten (VI. Jahrh. v. Chr.). Schon bald gelangte *Akragas* zu Reichtum und Macht; unter der Tyrannei von Theron bezwang es die Übermacht der Karthager bei Himera (V. Jahrh. v. Chr.). Diesen gelang gegen Ende des Jahrhunderts nach langjähriger Belagerung und Aushungerung der Stadt die Rückeroberung. Nachdem Timoleon die verwüstete Stadt wieder aufgebaut und neu besiedelt hatte, geriet sie in den Mittelpunkt der Auseinandersetzungen zwischen Römern und Karthagern, bis sie 210 v. Chr. endgültig von den ersteren eingenommen wurde. Unter dem kapitolinischen Banner erlebte *Agrigentum* eine Zeit des Friedens und der wirtschaftlichen Blüte. Der unaufhaltsame Verfall setzte unter den Byzantinern ein. In der ersten Hälfte des IX. Jahrhunderts nahmen die Araber Besitz von der Stadt und verwandelten ihren Namen in *Girgenti*, den sie bis 1927 behielt, als man die alte Bezeichnung wiedereinführte. In der Stauferzeit unterstand Agrigent Palermo; im XIV. Jahrhundert wurde es von dem mächtigen Adelsgeschlecht der Chiaramonte unterworfen, von dem es sich erst gegen Ende des Jahrhun-

derts befreien konnte. Unter den Aragoniern genoß die Stadt Zollprivilegien, die den ohnehin blühenden Handel noch begünstigten. In der zweiten Hälfte des XIX. Jahrhunderts zeichnete sich die Bevölkerung besonders während der Freiheitskämpfe gegen das bourbonische Joch aus.
Zu den herausragenden Persönlichkeiten, die in Agrigent geboren wurden, gehören der Philosoph Empedokles (V. Jahrh. v. Chr.) und der Schriftsteller und Dramatiker Luigi Pirandello (1867-1936). Aufgrund des ausgesprochen milden Klimas auch in den kalten Monaten und des einzigartigen landschaftlichen Ambientes zählt Agrigent zu den meistbesuchten Reisezielen Siziliens: archäologischer, architektonischer und künstlerischer Anziehungspunkt von internationalem Rang. Die spektakuläre Mandelbaumblüte mitten im Winter verwandelt das Tal der Tempel in ein Bild des Zaubers, das den Auftakt und Rahmen bildet für die *Sagra del Mandorlo in Fiore*, ein farbenprächtiges Volksfest, bei dem die einheimische Folklore im Mittelpunkt steht und italienische, aber vor allem ausländische Touristen von überallher anlockt. Neben zahlreichen Kirchenfesten bilden im Rahmen der Veranstaltungen der Sommersaison die Pirandello-Festspiele einen besonderen Höhepunkt. Die zentralgelegene Via Atenea ist der Brennpunkt des Städtchens, wo sich die Bewohner von Agrigent besonders bei Sonnenuntergang zum Abendspaziergang einfinden.
Ein typischer kunstgewerblicher Gegenstand ist der sog. "Scacciapensieri", ein sizilianisches Blasinstrument, das hier

59

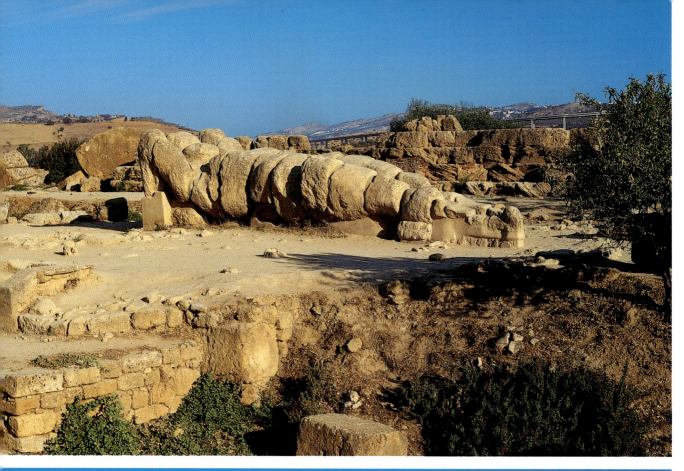

Oben, die Ruinen des Zeustempels aus einer anderen Perspektive; daneben Blick auf die Agorà.

◄ *Oben, einer der kolossalen Telamonen, die einst den Tempel des Olympischen Zeus schmückten, und, unten, ein Kapitell aus dem gleichen Tempel.*

auch *gargamarruni* genannt wird. In der Nähe des Sportplatzes wird jeden Freitag der charakteristische Wochenmarkt der "fliegenden Händler" abgehalten, wo man Lebensmittel aller Art, aber auch Kleidung und Haushaltsartikel kaufen kann. Die Besichtigung von Agrigent setzt Kenntnisse über die Geländebeschaffung und städtebauliche Anlage voraus, bei der man zwischen den mittelalterlichen und modernen Vierteln und der eigentlichen antiken Stadt (Tal der Tempel) unterscheiden muß.

DAS TAL DER TEMPEL

Die großartigen architektonischen Zeugnisse der antiken Stadt liegen in diesem Tal, das angesichts seiner abwechslungsreichen Szenarien, der außergewöhnlichen landschaftlichen Reize und überwältigenden Baudenkmäler nicht seinesgleichen hat. Alle diese Komponenten vereinen sich zu einer von warmem Licht durchdrungenen, mediterranen Impression, die aufgrund der Farbenspiele, der von intensivem Blumenduft umwehten, wunderschönen Gegend sowie der leuchtendblauen Kulisse des Meeres, dessen unaufhörliche Brise die unbarmherzigen Strahlen der Sonne Siziliens mildert, beinahe ans Märchenhafte grenzt. Von Dezember bis März verwandelt die Mandelblüte den Ort in eine Traumlandschaft, in der allerorten die fröhlichen Klänge der Jahrmärkte und Volksfeste widerhallen. Die Tempelzone ist mit dem Auto von der Staatsstraße aus oder zu Fuß von der zentralgelegenen Piazza Marcone zu erreichen.

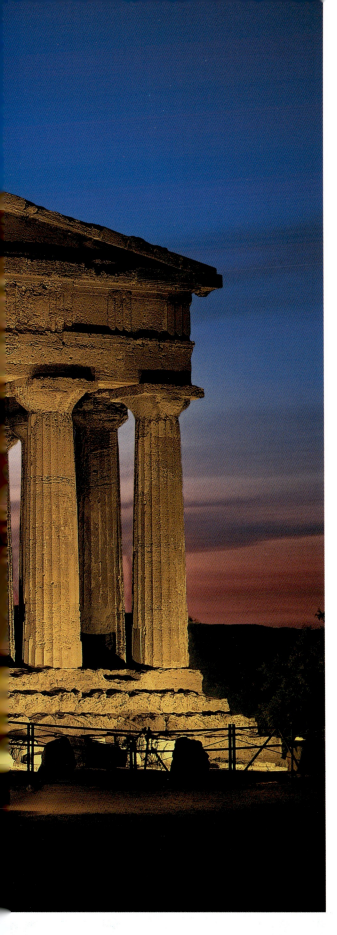

Griechisch-römische Stadt. Es handelt sich um die bedeutenden Überreste einer Stadtanlage aus dem IV.-III. Jahrhundert v. Chr., deren jüngste Bauten aus dem IV.-V. Jahrhundert datieren. Die vier Himmelsrichtungen lassen das antike Straßennetz mit Wohnhäusern, Läden und sonstigen Gebäuden erkennen. Neben Wandabschnitten, deren Putz noch Malereien aufweisen, sind Teile von Mosaikfußböden erhalten. Aus der Art der Dekoration gewinnt man einen Eindruck von der Epoche dieser beachtlichen Überreste, die von der Republik und Kaiserzeit bis zum I.-II.-III. Jahrhundert n. Chr. reicht. In diesem gesamten Bezirk sind noch die Infrastrukturen wie Kanalbauten und Wasserleitungen zu sehen. Von der antiken Siedlung sind drei Häuserblocks und einige Wohngebäude zu erkennen, wie das *Haus der Aphroditen*, das *Haus des Rautenmosaiks*, das *Peristyl-Haus* (typisches Beispiel einer Prunkresidenz mit angeschlossenen Thermaleinrichtungen), das *Haus der Gazelle* (benannt nach der Darstellung einer Gazelle im Bodenmosaik, heute im Museum), das *Haus des abstrakten Meisters* mit einer Fülle sehenswerter Mosaikdekorationen und das *Haus des Portikus*.

Hypogäum Giacatello. Den unterirdischen Kultraum erreicht man über eine schmale Straße, die am Archäologischen Museum abzweigt und am gleichnamigen Fluß entlangläuft. Höchstwahrscheinlich handelt es sich um ein altes Wasserreservoir (V. Jahrh. v. Chr.), das sich heute als ein großer unterirdischer Raum darbietet; die Anlage erinnert an eine quadratische Zisterne.

Kirche S. Nicola. Der Bau, den wir heute sehen, geht auf das XIII. Jahrhundert zurück und wurde von Zisterziensern über einer antiken Ruinenstätte aus griechisch-römischer Zeit errichtet, wo sich später Mönchsgemeinschaften niederließen und eine erste normannische Kirche zu Ehren dieses Heiligen entstand. Das Gebäude romanisch-gotischer Prägung weist ein schönes Fassadenportal auf; das einschiffige *Innere* birgt einen griechischen Sarkophag mit der Darstellung des *Phädra-Mythos*, vermutlich ein römisches Werk aus dem II.-III. Jahrhundert n. Chr., das früher im Kapitelsaal der Kathedrale bewahrt wurde. Eindrucksvoll die Apsis mit einer Reihe kleiner Blendarkaden in romanischem Stil und einem mächtigen Spitzbogengewölbe aus Naturstein.

In der Nähe, neben den Resten einer in den Felsen gehauenen Theateranlage, erhebt sich auf einem Podium das *Oratorium des Phalaris*, ein Tempelbau mit kleiner Exedra.

Tempel des Herkules. Aus dem Ruinenmeer ragen acht der 44 Säulen in den Himmel, die einst das Tempelgebäude schmückten und 1924 wiederaufgestellt wurden. Dieser dorische Tempel, fast mit Sicherheit der älteste in Agrigent, läßt sich auf das VI. Jahrhundert v. Chr. datieren und zeichnet sich durch seinen ungewöhnlichen Grundriß aus, von dem noch drei Stufen der rechteckigen Plattformeinfassung erhalten sind. Das *Herakleion* war ursprünglich ein sechssäuliger Peripteros; das erste Terrakottagesims wurde später durch ein mit Löwenköpfen geschmücktes, steinernes Gesims ersetzt und in römischer Zeit stark restauriert. In der südlicheren Grabungszone befinden sich in reizvoller landschaftlicher Umgebung in der Nähe der antiken *Porta Aurea* das *Grab des Theron* aus der Römerzeit (I. Jahrh. v. Chr.) und die Überreste des in rein dorischem Stil erbauten *Asklepiostempels* (V. Jahrh. v. Chr.).

Tempel des Olympischen Zeus. Von dem antiken Tempel, der im V. Jahrhundert v. Chr. zur Feier des Sieges über die Karthager bei Himera errichtet worden war, sind nur noch Trümmer erhalten. Der Tempel, der durch häufige Erdbeben verwüstet und von den Karthagern gegen Ende des V. Jahrhunderts fast dem Erdboden gleichgemacht wurde, glich bis Ende des XVIII. Jahrhunderts einem riesigen Steinbruch, mit dessen Material zahlreiche öffentliche Gebäude verwirklicht wurden. Das *Olympieion* war ein Pseudoperipteros, der anstelle des Peristyls eine mächtige Mauer im Wechsel mit Halbsäulen aufwies, wo die riesenhaften *Telamonen* aufgestellt waren. Diese Figuren hatten die Aufgabe, die gewaltige Gebälkstruktur zu stützen; der Abguß einer dieser wieder zusammengesetzten Telamonen ist hier auf dem Boden liegend sichtbar, das Original befindet sich im Archäologischen Museum. Dieser Tempel war nach dem zyklopischen Diana-Tempel in Ephesus der zweitgrößte Tempelbau überhaupt.

Tempel des Castor und Pollux. Die vier Säulen, die seit langem das Wahrzeichen von Agrigent darstellen, sind das Ergebnis einer Arbeit des Bildhauers V. Villareale und des Architekten S. Cavallari, die im vorigen Jahrhundert die Säulen wieder zusammenfügten. Es sind dies die einzigen Überreste eines im V. Jahrhundert v. Chr. erbauten Tempels, die sich durch die wertvolle Gebälkornamentik im hellenistisch-römischen Stil auszeichnen. In der Grabungszone fand man Reste von Heiligtümern und archaischen Kultstätten (ab dem VI. Jahrh. v. Chr.), die der Demeter und Persephone gewidmet waren und allgemein als *Heiligtum der chthonischen Gottheiten* bekannt sind. Im westlicheren Bereich des Tals der Tempel liegen die Ruinen des *Tempels des Vulcan*, eines dorischen Baus aus dem V. Jahrhundert v. Chr.

Tempel der Concordia. In der Nähe der *Villa Aurea* (Richtung Ausgrabungen) befinden sich die *römische Nekropole von Giambertoni* (II. Jahrh. v. Chr. - IV. Jahrh. n. Chr.), die Ruinen einer byzantinischen Nekropole und die *Grotta di Fragapane* (IV. Jahrh. n. Chr.) genannten Katakomben. Der Tempel, ein herrliches Beispiel dorischer Baukunst, das zu den meistbesuchten und interessantesten archäologischen Stätten Siziliens gehört, gelangte in ausgezeichnetem Erhaltungszustand zu uns, wenngleich die Patina die Struktur des muschelkalkhaltigen Tuffsteins, der seine Stuckverkleidung vor langer Zeit einbüßte, im Laufe der Jahrhunderte angegriffen hat.

Das Gebäude, das strukturelle und kolorimetrische Ähnlichkeiten mit dem Tempel des Theseus in Athen aufweist, war ursprünglich den Dioskuren geweiht und entstand höchstwahrscheinlich zur Zeit des Theron (V. Jahrh. v. Chr.). Es handelt sich um einen Peripteros mit sechssäuliger Front und 34 umlaufenden Säulen, die auf einem vierstufigen Podium ruhten; im VI. Jahrhundert wurde der Tempel als christliche Basilika wiederhergestellt. Aus dieser Zeit datieren die Bogenöffnungen an den Wänden der Cella.

Tempel der Juno Lacinia. Auch dieser Tempel ist ein sechssäuliger Peripteros mit stark dorischer Prägung; nach dem Concordia-Tempel ist dieser der bestherhaltene in Agrigent. Er wurde um die Mitte des V. Jahrhunderts v. Chr. errichtet. Die wenig später durch einen Brand entstandenen Schäden machten eine Restaurierung in römischer Zeit erforderlich. Von dem ursprünglichen Gebäude sind 25 Säulen

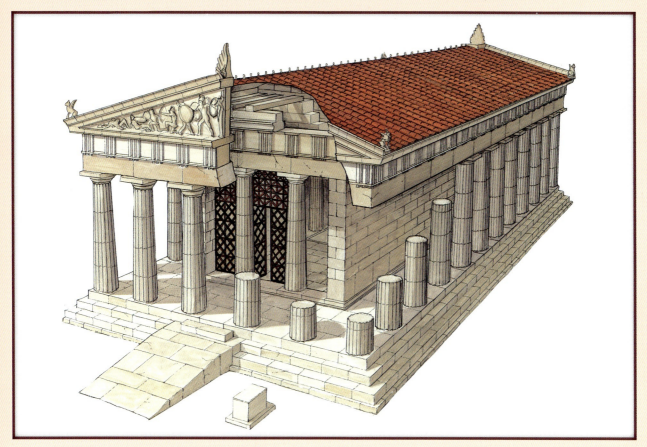

Links, archäologische Überreste des griechisch-römischen
Stadtteils; frühchristliche Begräbnisstätte.

Oben, Rekonstruktion eines dorischen Tempels.

Der Dorische Tempel in Sizilien

Unter den zahlreichen griechischen Tempeln Siziliens
dominiert die dorische Ordnung. Die einzige Ausnahme
für den gesamten griechischen Westen bildet der ionische Tempel, dessen Reste man in dem Untergeschoß
des Rathauses von Syrakus sehen kann. Ionische Elemente findet man aber auch an einigen überwiegend
dorischen Sakralbauten wie dem kleinen Tempel des 4.
Jh. v. Chr. in Megara Hyblea und dem wohl der Aphrodite geweihten archaischen Tempel in Akrai (Palazzolo
Acreide).

Der dorische Stil, zwischen dem 7. und 6. Jh. v. Chr. in
Griechenland entstanden, hat Säulen ohne Sockel, die
direkt auf der obersten Stufe (*Stylobat*) des Tempelpo-
diums ruhen, das seinerseits über dem Boden erhaben
ist (*Krepidoma*). Die Säule verzieren Kehlungen mit spit-
zem Rand, normalerweise 16 bis 20, sie endet in einem
schlichten Kapitell mit beckenförmigem *Echinus* und
quadratischem *Abakus*.

Auf den Kapitellen ruht das Gebälk, das sich aus einem
Architrav und einem *Fries* zusammensetzt, an dem sich
quadratische Platten mit vertikalen Kehlungen (*Trigly-
phen*) und Reliefs (*Metopen*) abwechseln. Die kürzeren
Frontseiten des Tempels bekrönen dreieckige Giebel,
Frontone genannt, mit *Akroterions* an den Spitzen; das
Kranzgesims und das Schräggeison des Giebels umrah-
men den *Tympanon*, der normalerweise mit Reliefs geschmückt ist.

Der Kern des Tempels ist die rechteckige Cella (*Naos*),
die nur durch ihr Portal Licht erhält; im Inneren, im *Ady-
ton*, bewahrte man die Götterstatue auf. Wenn die Cella
überall von einer Kolonnade umgeben ist, nennt man
den Tempel *Peripteros* (Ringhallentempel), wenn es sich
um eine Doppelkolonnade handelt *Dypteros*. Wenn der
Sakralbau nur auf der Vorderseite Säulen hat, zwischen
den vorspringenen Längswänden der Cella, die so ein
Vestibül oder einen *Pronaos* schaffen, spricht man von
einem Tempel *in antis* (dieser Gebäudeteil nennt sich auf
der Rückseite *Opistodomos*). Wenn dem Pronaos eine
Kolonnade vorgelagert ist, definiert man den Tempel als
Prostylos.

An der Schmalseite stehen meist sechs Säulen, daher
spricht man von *Esastylos* oder Sechssäulen-Tempel.

Ein Saal im Archäologischen Museum, wo man einen der Telamonen aus dem Tempel des Olympischen Zeus bewundern Kann.

Archäologisches Museum: einige Exemplare aus der außergewöhnlichen Sammlung griechischer Vasen; herrlicher Marmortorso des V. Jahrhunderts v. Chr.; marmorner Männerkopf (Herakles?) und Ephebenstatue, wahrscheinlich das Werk eines Bildhauers aus Agrigent aus dem Jahr 470 v. Chr.

erhalten, von denen einige verstümmelt sind. Von besonderer szenographischer Wirkung ist die Kolonnade an der Nordseite, die das mächtige Gebälk trägt.

Felsenheiligtum der Demeter. Diese in den Fels hineingebaute archaische Kultstätte, die auf das VII. Jahrhundert v. Chr. zurückgeht und somit vor der griechischen Zivilisation entstand, überragt ein Gebiet, in dem die Griechen zahlreiche *Festungsbauten* errichtet hatten. Unterhalb befindet sich das antike Stadttor *Porta di Gela*, wo man Gegenstände im Zusammenhang mit dem Kult der chthonischen Gottheiten gefunden hat. Über dem Demeter-Heiligtum liegt der gleichnamige dorische *Tempel* aus dem V. Jahrhundert v. Chr., der im Mittelalter als Kirche (S. Biagio) umgebaut wurde.

Museo Archeologico Regionale. Das Museum, das zu den größten und bestorganisierten Sammlungen dieser Art in Sizilien zählt, beherbergt bedeutende Ausgrabungsfunde aus Agrigent und der näheren Umgebung.

In *Saal I* ist interessantes topographisches und kartographisches Material über das antike Agrigent sowie aus dem klassischen Altertum zu sehen.

Saal II enthält sehenswerte Funde aus der Prähistorie, beziehungsweise aus der äneolithischen Zeit, der Bronze- und Eisenzeit, sowie antikes Material aus Gela, der Nekropole Montelusa und anderer Nekropolen aus der Zeit vom VII.-VI. Jahrhundert v. Chr.

In *Saal III* ist eine wertvolle Keramiksammlung aus dem V. bis III. Jahrhundert v. Chr. ausgestellt, unter anderem

typisch attische und griechisch-italische Vasen. Erwähnenswert ist vor allem ein Krater, auf dem der Mythos von "Perseus und Andromeda" dargestellt ist (V. Jahrh. v. Chr.).

In *Saal IV* sind interessante Tempelfragmente und mit Löwenköpfen und anderen Ornamenten versehene steinerne Dachrinnen zu sehen.

Saal V birgt Fundsammlungen, die aus dem Tempelkomplex von Agrigent stammen, darunter wertvolle Skulpturen aus griechischer, hellenistischer und großgriechischer Zeit.

Saal VI ist dem olympischen Zeus gewidmet; Hauptattraktion ist der riesige *Telamon* (rund 8 m), der hier unter Verwendung der originalen Bauteile rekonstruiert wurde und der einst zusammen mit anderen Telamonen, von denen in diesem Saal Details der Köpfe zu sehen sind, im Tempel aufgestellt war.

In *Saal VII* wurden interessante Funde aus der griechisch-römischen Stadt zusammengetragen; beachtenswert sind vor allem die *emblemata* aus den Fußbodenmosaiken, mit denen einige Gebäude geschmückt waren.

Saal VII enthält eine epigraphische Sammlung mit Inschriften, die von Monumenten aus dem Agrigent der griechischen Epoche stammen.

In *Saal IX* (Zugang nur mit Genehmigung) sind Gold-, Silber- und Bronzemünzen von der Klassik bis zum Mittelalter zu sehen. Besonders interessant die im V. Jahrhundert v. Chr. geprägten Silbermünzen aus Agrigent mit beachtenswerten Prägedetails.

Saal X zeigt eine kunstvoll gestaltete Marmorskulptur, die einen *Epheben* darstellt, griechisches Original des V. Jahr-

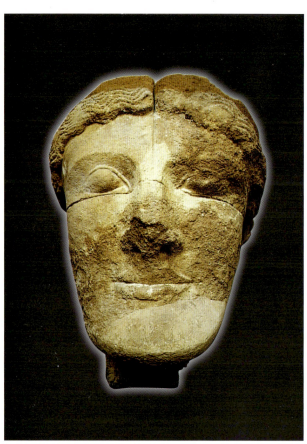

hunderts v. Chr.

In **Saal XI** wurden Zeugnisse zusammengetragen, die man aus antiken Nekropolen in der Umgebung von Agrigent barg.

Die **Säle XII-XIII** enthalten Funde aus der Prähistorie sowie Material mit Bezug auf die Nekropolen und einige Grabungszonen in der Provinz und in den angrenzenden Gebieten; besonders sehenswert das Material, das man in den Nekropolen von S. Angelo Muxaro bei Agrigent fand.

Saal XIV gibt anhand von interessantem topographischen Material Auskunft über einige Städte im Umkreis von Agrigent.

In **Saal XV** ist neben zahlreichen Zeugnissen aus Gela ein original griechischer Krater des V. Jahrhunderts v. Chr. zu sehen, dessen rotfigurige Dekoration die *Amazonomachie* darstellt.

Die **Säle XVI-XVII** sind Funden aus Nekropolen und dem antiken Nyssa vorbehalten mit topographischen Darstellungen, die sich auf die Provinz Caltanissetta beziehen.

In **Saal XVIII** (Zugang nur mit Genehmigung) ist das sogenannte **Museo di Seconda Scelta** (Museum der zweiten Wahl) untergebracht.

In **Saal XIX** (mit Sondereintritt) werden aktuelle Ausstellungen organisiert.

Archäologisches Museum: Kopf eines Telamonen aus dem Tempel des Olympischen Zeus und Fragment eines römischen Mosaiks.

Der Dichter aus Agrigent gilt als einer der bedeutendsten Literaten und Theaterschriftsteller der Zeit um 1900 und der ersten Hälfte des 20. Jahrhunderts. Im Jahre 1867 im damaligen Girgenti geboren, besuchte er das Gymnasium in Palermo, wo er sich später an der Juristischen und Philologischen Fakultät der Universität einschrieb. Er zog dann nach Rom, wo er seine humanistischen Studien fortsetzte und eine Gedichtsammlung schrieb (*Mal Giocondo*, 1889). Nachdem er in Deutschland sein sprachwissenschaftliches Studium abgeschlossen hatte, kehrte er nach Rom zurück, wo er die Gedichtsammlung *Amori senza Amore* schrieb, mit der sich schon die große Erzählungssammlung *Novellen für ein Jahr* (1922-1936) ankündigte. Die Veröffentlichung von *L'esclusa* (1925) - die dem Fortsetzungsroman Marta Ajala (1901) entnommen war -, vor allem aber auch die darauffolgenden Arbeiten (*Die Wandlungen des Mattia Pascal*, 1904; *So ist es, wie es ihnen scheint*, 1918; *Einer, keiner, Hunderttausend*, 1926) machten Pirandellos vollendete Prosa weltbekannt, eine einzigartige Mischung aus veristischer Erfahrung und bedrohlicher Intuition. Zwischen 1918 und 1927 schrieb Pirandello Dramen wie *Das Spiel der Parteien, Es war ja nicht ernst gemeint* und vor allem das wohlbekannte Stück *Sechs Personen suchen einen Autor*. Die Gründung des Teatro d'Arte in Rom (1925), die Ernennung zum Miglied der Italienischen Akademie (1929) und die Verleihung des Nobelpreises für Literatur (1934) bildeten weitere wichtige Etappen in der Karriere dieses großen Schriftstellers, der 1936 in Rom starb.

Oben, drei Momentaufnahmen von Luigi Pirandello: Als Gymnasiast (1885), als Student an der Universität Palermo (1887) und kurz vor seinem Tod.

Rechts, das Geburtshaus Luigi Pirandellos.

CALTANISSETTA

Geschichte. Die Stadt liegt im oberen Salso-Tal, wo sie sich an den Südhängen des Monte S. Giuliano, dem geometrischen Mittelpunkt Siziliens, erstreckt. Die Gründung scheint auf die vorklassische Zeit zurückzugehen, in der eine Stadt namens *Nissa* erwähnt wird. Die Sarazenen fügten die Vorsilbe *Kalat* hinzu, und der Ortsname hatte kurioserweise die Bedeutung "Frauenschloß".
Der Ort liegt inmitten eines produktiven landwirtschaftlichen Einzugsgebietes und ist Zentrum des sizilianischen Bergwerkdistrikts, der in den dreißiger Jahren sehr aktiv war und heute trotz der beachtlichen Produktion von Schwefel, Kalisalz und Magnesium infolge der Entwicklung neuer Energiequellen stark an Bedeutung verloren hat.

Dom. Der Bau wurde in der zweiten Hälfte des XVI. Jahrhunderts begonnen und in der ersten Hälfte des folgenden Jahrhunderts fertiggestellt.
Die auffallend breite *Fassade* mit zwei durch Lisenen unterteilten Abschnitten stammt aus der ersten Hälfte des vorigen Jahrhunderts. Seitlich wird sie von zwei Glockentürmen eingerahmt.
Das *Innere*, strenglinig und prunkvoll zugleich, ist stark vom Rokokostil des XVIII. Jahrhunderts geprägt. Die reiche Stuckdekoration bildet den phantasievollen Rahmen für zahlreiche Wandfresken, die der flämische Künstler Wilhelm Borremans ausführte.

Dom: die Fassade und das Innere.

GELA

Bedeutender Industrie- und Handelshafen an der Mündung des gleichnamigen Flusses an der Südküste Siziliens. Die Stadt entwickelt sich zunehmend zu einem gutorganisierten Seebad und ist bekannt wegen seiner Erdölraffinerie ANIC. Der Ort war bereits in der Vorgeschichte bewohnt, bevor Siedler aus Rhodos und Kreta hier eine dorische Stadt gründeten (VII. Jahrh. v. Chr.). Nach der Zerstörung im V. Jahrhundert durch karthagische Milizen wurde sie ein Jahrhundert später von Timoleon wiederaufgebaut. Im III. Jahrhundert v. Chr. legten die Mamertiner die Stadt in Asche, die danach bis zur ersten Hälfte des XIII. Jahrhunderts in Vergessenheit geriet. Unter Friedrich II. entstand *Terranova*, das erst 1928 den alten Namen zurückerhielt. Am Karfreitag findet hier eine spektakuläre Aufführung der *Kreuzigung* statt.

Im Ostteil von Gela, auf der ehemaligen Akropolis, wurden die Reste des *Quartiere Timoleonteo* freigelegt, einem aus dem IV. Jahrhundert v. Chr. datierbaren Wohngebiet, dessen Gebäude noch ältere Vorläuferbauten überlagerten. In dem darunterliegenden *Parco della Rimembranza* sind der Sockel und die Ruinen eines *dorischen Tempelbaus* aus dem V. Jahrhundert v. Chr. sowie des noch älteren *Tempels der Athena* (VI. Jahrh. v. Chr.) sichtbar. Wahrscheinlich handelte es sich um einen Peripteros, von dem außer dem Sockel nur geringfügige Spuren erhalten sind; die kunstvollen Terrakotta-Ornamente, die man hier fand,

wurden ins Museum von Syrakus überstellt. Von dem nahegelegenen Belvedere genießt man ein herrliches Panorama auf die Ebene von Gela.

Auf dem Ausgrabungsgelände befindet sich auch das *Archäologische Museum*, wo in verschiedenen Abteilungen wertvolle Zeugnisse aus dem Stadtgebiet und der Umgebung zusammengestellt sind. In der ersten Abteilung, die den Funden aus prähistorischer und archaischer Zeit vorbehalten ist, fällt ein *Pferdekopf* aus Terrakotta des V. Jahrhunderts v. Chr. auf. In der zweiten Abteilung wurden Funde aus Heiligtümern des Stadtgebiets und aus der Akropolis zusammengetragen; beachtenswert eine *Demeter* darstellende Tonstatuette sowie Statuetten der *sitzenden Athena*. Die dritte Abteilung enthält Material aus ehemaligen Wohnanlagen außerhalb des Siedlungsgebiets, aus Kultstätten außerhalb der Akropolis sowie antike Keramiken und Fragmente (VII.-IV. Jahrh. v. Chr.). In der vierten Abteilung sind Funde zu sehen, die sich auf die Stadt des IV.-III. Jahrhunderts v. Chr. beziehen, Material aus Capo Soprano, epigraphische Zeugnisse und antike Keramik-Graffiti (VI.-V. Jahrh. v. Chr.). Die fünfte Abteilung zeigt Dokumentationen aus Heiligtümern außerhalb der Stadtmauer sowie antike Tonurnen, die auf das V. Jahrhundert v. Chr. zurückgehen. In der gleichen Abteilung sind auch Grabfunde aus ehemaligen griechischen Nekropolen ausgestellt. Die siebte Abteilung ist den Funden aus Gela und Umgebung gewidmet. Die achte Abteilung gibt Auskunft über die Stadt in frühchristlicher Zeit und im Mittelalter. In

der neunten Abteilung sind Privatsammlungen, Terrakotten und Töpferwaren attischer Herkunft zusammengestellt. Außerdem enthält das Museum eine wertvolle *Münzsammlung* mit Exemplaren aus Großgriechenland und Athen.

Weitere bedeutende Zeugnisse der antiken Stadt sind am *Capo Soprano* zu sehen, wo recht guterhaltene Reste von *Festungsbauten* aus dem V. und IV. Jahrhundert v. Chr. anzutreffen sind. Diese Anlagen wurden zur Zeit des Wiederaufbaus durch Timoleon im IV. Jahrhundert v. Chr. erneuert und bestehen im unteren Teil aus Steinblöcken und im oberen Abschnitt aus rohen Ziegeln. Aus der Anordnung der Ruinen läßt sich die ursprüngliche Anlage ablesen, zu der auch eine Reihe von Türmen im Wechsel mit Wehrgängen gehörte.

Unweit entfernt liegen die Überreste der *Griechischen Bäder* (IV. Jahrh. v. Chr.), die über die Anordnung der Schwimmbecken sowie über die Techniken für die Erhitzung des Wassers Auskunft geben.

Auf der zentralgelegenen Piazza Umberto I steht die *Chiesa Matrice*, eine Kirche aus dem XVIII. Jahrhundert, die eine klassizistisch geprägte Fassade aufweist.

Nördlich von Gela liegt der *Lago del Disueri*, ein künstliches Becken zur Bewässerung der tiefergelegenen Ebene. Auf den umliegenden Hügeln fand man sikulische Loculigräber, die einst zu einer ausgedehnten prähistorischen Nekropole gehörten.

Antike Reste aus dem IV. Jahrhundert v. Chr., die zu einer Siedlung einheimischer Völker gehörten, traten auf dem benachbarten *Monte Bubonia* ans Licht.

Museo Regionale Archeologico: schwarzfigurige Vase aus der Akropolis in Gela; herrlicher Pferdekopf aus Terrakotta des V. Jahrhunderts v. Chr.; Stirniziegel mit Gorgohaupt.

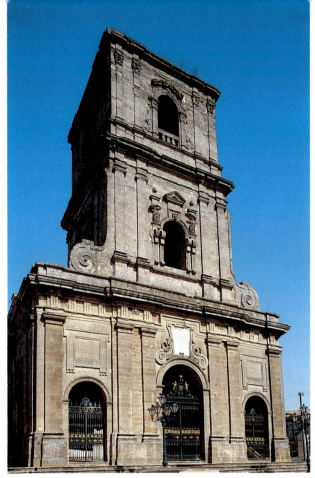

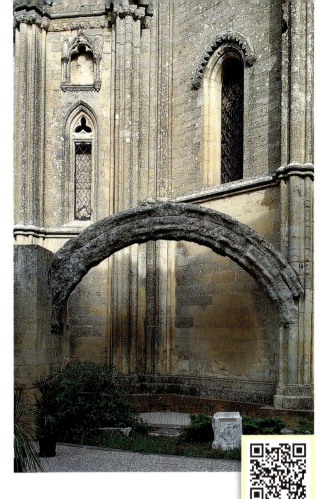

Fassade und Apsis des Doms.

ENNA

Geschichte. Die Stadt macht dem benachbarten Caltanissetta das geometrische Baryzentrum Siziliens streitig. Wegen seiner zentralen Lage auf der Insel gilt Enna seit Urzeiten als *Nabel Siziliens*. Das in sehr früher Zeit gegründete *Henna* war eine sikanische Niederlassung, wo sich eine dem Demeterkult ähnliche Religion entwickelte. Zur Zeit der griechischen Kolonisation gelang es der Stadt, seine Autonomie zu bewahren, die erstmals durch den Syrakuser Agathokles (IV. Jahrh. v. Chr.) und später durch Karthago bedroht war. Nach der Machtübernahme durch die Römer bezahlte die Stadt mit einer grausamen Unterdrückung einen Sklavenaufstand, der im II. Jahrh. v. Chr. stattfand. Später in der Kaiserzeit war Enna *Munizipium*, wurde aber angesichts der schwindenden Macht Roms von den Byzantinern erobert. Aufgrund der strategischen Lage, die es praktisch uneinnehmbar machte, konnte es den Arabern lange Zeit Widerstand leisten. Erst nach mehr als zwanzigjähriger Belagerung im Jahre 859 gelang es ihnen, die Stadt zu besetzen. Unter den neuen Herrschern erlebte die jetzt *Kasrlànna* genannte Stadt eine Zeit der Blüte bis zur Ankunft der Normannen (XI. Jahrh.).

Das heutige Enna erstreckt sich in herrlicher Panoramalage terrassenartig auf der Spitze eines Bergausläufers inmitten eines fruchtbaren Agrargebiets. In den letzten Jahrzehnten war eine starke Zunahme des Tourismus zu verzeichnen.

Dom. Die Gründung geht auf die aragonische Zeit (XIV. Jahrh.) zurück. Nach schweren Brandschäden in der zweiten Hälfte des XV. Jahrhunderts wurde sie später im Barock erneuert. Die eindrucksvolle *Fassade* erhebt sich über einer bewegten Treppe. Der untere Teil besteht aus einer Säulenhalle, die von einem mächtigen Turm des XVII. Jahrhunderts überragt wird. Die dreigeteilte Apsispartie zeigt gotische Merkmale. Der beeindruckende *Innenraum* weist drei Schiffe auf, die durch wuchtige Säulen geteilt werden, auf denen Spitzbogen ruhen. Im linken Schiff sind sehenswert: ein *Weihwasserbecken* aus dem XVI. Jahrhundert und eine von G. Gallina skulptierte Kanzel (XVII. Jahrh.).

Castello di Lombardia. Dieses auf dem höheren Teil der Stadt gelegene Kastell wurde wahrscheinlich vor der Stauferzeit gegründet. Von den ehemals zwanzig Türmen sind nur sechs erhalten; bezeichnend ist vor allem die mit Zinnenkranz ausgestattete *Torre Pisana*.

Torre di Federico. Dieser einzelstehende Bau mit oktogonalem Grundriß steht im Stadtpark und geht auf das XIII. Jahrhundert zurück, als er vermutlich Bestandteil einer größeren Burganlage war.

◀ *Enna: das mächtige Castello Lombardia, der Turm Friedrichs II. und ein schöner Blick auf Caltascibetta.*

Piazza Armerina: malerische Stadtansicht.

PIAZZA ARMERINA

Trotz der Lage im Landesinnern gehört dieser auf einem Bergkamm der Monti Erei gelegene Ort zu den stark besuchten Reisezielen Siziliens. Hierzu tragen nicht zuletzt die reizvolle landschaftliche Umgebung und die Nähe eines reichhaltigen archäologischen Grabungsgebietes bei, zu dem eine der schönsten römischen Villen gehören, die zu uns gelangten. Die ehemals *Platia* genannte Niederlassung, die sich dank der dort stationierten lombardischen Milizen entwickelte (daraus würde sich auch der eigentümliche Name erklären), existierte einigen Quellen zufolge bereits vor der römischen Kolonisierung, als sie noch *Hibla* hieß. Im Mittelalter durchlebte die Stadt politische Wirren und wurde in der zweiten Hälfte des XII. Jahrhunderts von Wilhelm dem Schlechten zerstört. Später rivalisierte Piazza Armerina lange mit Enna um den Bischofssitz, den es erst in der ersten Hälfte des XIX. Jahrhunderts erhielt. Zu den wichtigen Folklore-Ereignissen zählt der *Palio dei Normanni*, der im August stattfindet.

Die mächtige Silhouette des **Doms** bestimmt den ersten Eindruck von dieser Stadt. Der im Barockstil errichtete Bau entstand im XVII. Jahrhundert über einer Vorläuferkirche aus dem XV. Jahrhundert. Die Fassade, der eine Treppe vorgelagert ist, weist manieristische Elemente des sechzehn-

ten Jahrhunderts sowie ein einzigartiges Portal auf, das mit gedrehten Tuffsäulen im Renaissancestil verziert ist. Der angrenzende Glockenturm zeigt gotisch-katalanische Merkmale und gehörte zu einem früheren Gebäude aus dem XV. Jahrhundert. Das großartige barocke Innere wird von einer szenographisch sich öffnenden Kuppel überwölbt. Am Hochaltar befinden sich ein kostbarer silberner Tabernakel und ein wunderschönes byzantinisches Gemälde, das die *Maria Santissima della Vittoria* darstellt; an den Seitenwänden Gemälde von Zoppa di Gangi aus dem XVI. Jahrhundert. Rechts des Eingangs umschließt ein A. Gagini zugeschriebener Bogen das *Taufbecken*. In der linken Kapelle befindet sich ein schönes *Holzkruzifix*, das, ebenso wie eine *Madonna mit Kind* umbrischer Herkunft aus dem XIV. Jahrhundert, dem Maestro della Croce di Piazza Armerina (XV. Jahrh.) zugeschrieben wird. Ferner befinden sich hier Gemälde von F. Paladino, G. Martorana und J. Ligozzi. Im angeschlossenen **Dommuseum** sind hervorragende Basreliefs, kostbare Reliquiare, Silberarbeiten und alte Krippen zu sehen.

Die **Chiesa del Gran Priorato di S. Andrea** entstand im XII. Jahrhundert und zählt zu den ältesten Sakralbauten des Städtchens. Die kuriosen mittelalterlichen Typologien kommen in einem Portal zum Ausdruck, das arabisch-normannische Stilmotive aufweist.

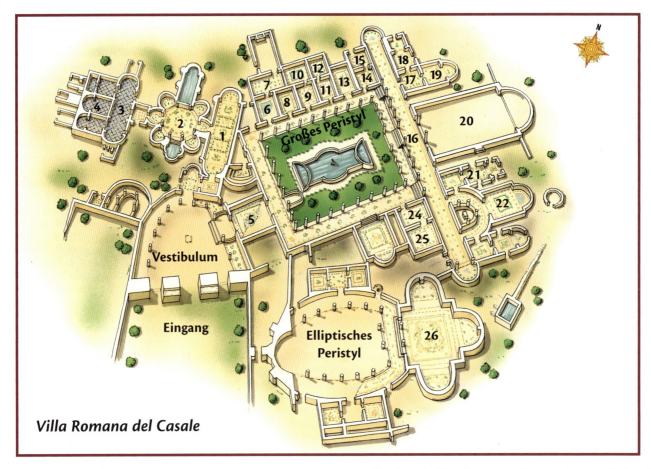

Villa Romana del Casale

Labels on map: 1, 2, 3, 4, 5, 6, 7, 8, 9, 10, 11, 12, 13, 14, 15, 16, 17, 18, 19, 20, 21, 22, 24, 25, 26

Großes Peristyl

Vestibulum

Eingang

Elliptisches Peristyl

LEGENDE

1. Circussaal
2. Frigidarium
3. Tepidarium
4. Calidarium
5. Atrium
6. Saal des normannischen Backofens
7. Innerer Saal
8. Saal des geometrischen Sternmosaiks
9. Saal des verlorenen Mosaiks
10. Saal des Tanzes
11. Saal der Jahreszeiten
12. Saal der fischenden Amoretten
13. Raum mit Kleiner Jagd
14. Saal des achteckigen Mosaiks
15. Saal der Mosaikfelder
16. Ambulacrum der Mosaiken mit Großer Jagd
17. Vestibulum des Polyphem
18. Cubiculum mit erotischer Szene
19. Cubiculum mit Früchten
20. Basilica
21. Cubiculum der jagenden Knaben
22. Raum des Arion
23. Cubiculum der Chorsänger und Schauspieler
24. Saal des Plattenmosaiks
25. Saal der Zehn Mädchen
26. Triclinium

Die römische Villa Romana del Casale entstand zwischen dem III. und IV. Jahrhundert. ►

Der achteckige Raum des Frigidariums. ►

Weitere sehenswerte Kirchen sind die *Chiesa di Fundrò* aus dem XVII. Jahrhundert mit einem schönen barockverzierten Tuffportal, die gotische *Chiesa della Commenda* (XII. Jahr.), ehemals Sitz des *Johanniter- und Malteserordens*, die *Kirche S. Stefano* aus dem XVII. Jahrhundert und die *Kirche S. Pietro* (XVII. Jahrh.) mit Skulpturen aus der Werkstatt der Gagini und einer Holzdecke des XVIII. Jahrhunderts.

Das *Castello Aragonese* wurde im ausgehenden XIV. Jahrhundert unter Martin I. von Aragon erbaut; es handelt sich um eine quadratische Anlage mit Ecktürmen, die das Aussehen des Städtchens mitprägt.

Erwähnenswert sind noch der *Palazzo Trigona* (XVIII. Jahr.) mit Barock- und Renaissancecharakter und der sogenannte *Palazzo di Città*, ein im XVIII. Jahrhundert

Ausschnitt des Mosaiks in der Thermenvorhalle: eine von der Dienerschaft begleitete Matrone begibt sich zu den Thermen.

Großer Jagdkorridor, Detail mit der Einschiffung der für den ► Circus bestimmten Tiere.

Auf den folgenden Seiten, weitere Bilder des Großen Jagdkorridors: der Eigentümer der Villa mit seinen Beamten und eine Hirschjagd.

erbautes Benediktinerkloster, das wunderschöne Fresken von G. Martorana birgt.

Die *Villa Romana del Casale* ist die Hauptsehenswürdigkeit im gesamten Gebiet und stellt eines der aufschlußreichsten Beispiele eines römischen Landsitzes auf der Insel dar. Sie wurde im III.-IV. Jahrhundert v. Chr. erbaut und erlebte ihren glanzvollsten Höhepunkt zwischen dem IV. und V. Jahrhundert n. Chr., kurz bevor das Zerstörungswerk durch die Barbaren einsetzte. Die herrlichen Mosaikfußböden, die in den späten zwanziger Jahren ans Licht traten und deren Freilegung noch nicht abgeschlossen ist, machten diese antike römische Villa in der ganzen Welt berühmt. Die zahlreichen Mosaiken, mit denen Böden und Wände

dieses riesigen und in seiner Art einzigartigen Komplexes geschmückt sind, geben Aufschluß über diese Kunstform, die sehr wahrscheinlich von nordafrikanischen Handwerkern ausgeführt wurde. Die Mosaiken der Villa gehören zu den schönsten Beispielen dieses Dekorationsstils, der in der ganzen römischen Welt sehr verbreitet war.

Hinter dem Eingang liegt ein polygonales *Atrium* mit Säulengang und zentralem Brunnen, das noch Teile des antiken Mosaikbodens enthält. Hier betritt man das *Vestibül* mit schönem Bodenmosaik und anschließend das *Große Peristyl* mit marmorner Kolonnade, zentralem Becken und reicher Mosaikdekoration, die sich auch in den Räumen an der Nordseite fortsetzt. Hier befindet sich das

◀ Szene aus dem Saal der "Bikinimädchen": zehn junge Mädchen im Tumanzug bei Ballspielen.

Sala della Pesca: Fischende Amoretten ziehen die Netze ein.

sehenswerte *Kleine Jagd-mosaik*. Der Wandelgang mit der *Großen Jagd* ist reichgeschmückt mit Mosaiken, die wilde Tierjagden zum Thema haben. An der unteren Seite des Großen Peristyls liegt ein Raum, der die berühmte Darstellung der *Wettkämpferinnen* enthält. Der sog. *Saal der Bikinimädchen* ist nach den jungen Mädchen benannt, die in zweiteiligen Anzügen (vergleichbar mit dem modernen Bikini) Gymnastik treiben.

In einem angrenzenden Raum mit zentralem Brunnen ist *Orpheus* dargestellt. An der Ostseite des großen Jagdkorridors liegt ein mit Apsis ausgestatteter, basilikaler Saal, der vermutlich einst für Versammlungen benutzt wurde. Zum Süden hin liegen die Wohnräume, die ebenfalls mit herrlichen Mosaiken reich verziert sind. Darstellungen mit

mythologischen Themen schmücken auch die an der Ostseite oberhalb des bereits erwähnten Korridors gelegenen Räume. Im *Elliptischen Peristyl*, einem Säulenhof mit zentralem Brunnen, fallen die Mosaiken in einigen zum Hof weisenden Räumen auf, die *Putten* beim Fischfang und der Weinlese zeigen. Von hier erreicht man das *Triklinium*, einen interessanten Raum mit drei Apsiden und Mosaiken aus dem Themenkreis der Mythologie. Wieder im Atrium, betritt man den *Saal des Circus*, der nach den dort dargestellten Mosaiken mit Wettkampfszenen aus dem Circus Maximus in Rom benannt ist. Hier schließen sich die Baderäume der Villa an, zu denen ein *Frigidarium*, *Tepidarium* und *Calidarium* mit entsprechenden Heizungssystemen gehörten.

87

MORGANTINA

Der Ort Aidone, erstreckt sich unweit von Piazza Armerina in wunderschöner Panoramalage an den Hängen der Monti Erei. In einem schon früh besiedelten Gebiet erlangte das Städtchen besonders unter den Arabern Bedeutung. Von seiner wechselvollen Geschichte zeugt das Schloß, das ab der Normannenzeit mehreren Lehnsherren unterstand.

Von Interesse ist auch das *Antiquarium*, das in einem ehemaligen Kapuzinerkloster untergebracht ist. Hier sind Funde aus dem benachbarten *Morgantina* ausgestellt. Dieses bedeutende archäologische Gebiet wurde in den fünfziger Jahren in der Ortschaft Serra d'Orlando entdeckt. Die Stadt wurde wahrscheinlich von Kolonisten aus Chalkis gegründet, die im VI. Jahrhundert v. Chr. aus Catania kamen; sie erlangte in hellenistischer und römischer Zeit Bedeutung, ging jedoch ab dem I. Jahrhundert v. Chr. einem raschen und unaufhörlichen Verfall entgegen.

Von der antiken Stadt wurde die *Agora* freigelegt, die sich auf mehrere Ebenen verteilte und verschiedene Gebäude einschloß: das *Macellum* genannte römische Handelszentrum, das *Bouleuterion*, das *Gymnasium*, das *Theater*, Reste von Patrizierhäusern mit Mosaikdekorationen, Ruinen eines *Heiligtums*, das den Göttern der Unterwelt geweiht war, sowie einen Kornspeicher. Das gesamte umliegende Gebiet ist übersät mit Ruinen und teilweise verschütteten Gebäuden wie dem *Heiligtum der Demeter und Kore*. Auf einem nahegelegenen Hügel wurden die Reste der antiken Akropolis und einer im V. Jahrhundert v. Chr. zerstörten Siedlung gefunden.

Ausgrabungen der Stadt prähellenistischen Ursprungs.

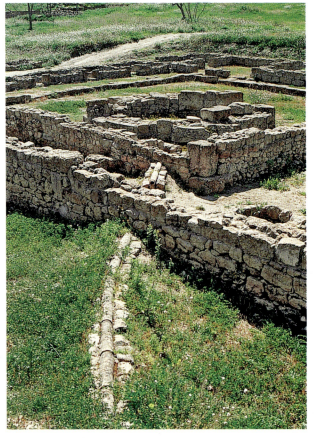

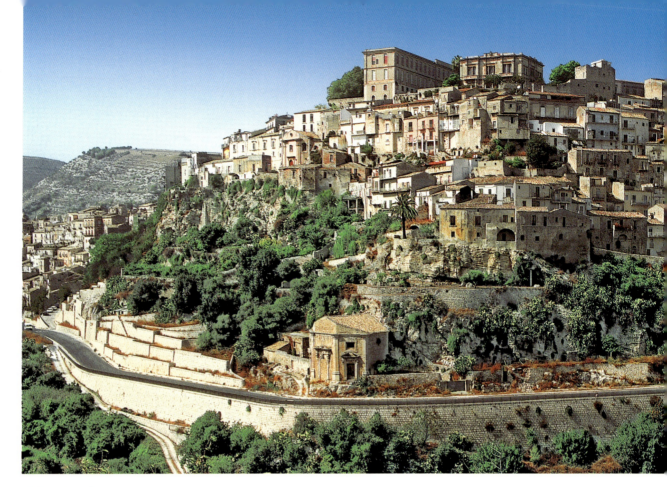

Blick auf die Stadt.

RAGUSA

Geschichte. Die Stadt erhebt sich auf den Südausläufern der Monti Iblei. Bestimmendes Kennzeichen dieser Gegend ist ihre komplexe Gebirgslage, denn die beiden Hauptteile *Ragusa* und *Ibla* liegen zwischen den tief eingegrabenen Tälern der Sturzbäche S. Leonardo und S. Domenico. Archäologische Nachforschungen und das Vorhandensein antiker, in den Fels eingegrabener Begräbnisstätten stützen die Annahme, daß der Ort schon in vorgeschichtlicher Zeit, und zwar genauer gesagt seit der Bronzezeit, bewohnt war. Mit Sicherheit stand hier die als *Hybla Herae* bekannte Sikuler-Siedlung, die Beziehungen zu den griechischen Kolonen aus Camarina, einer Gründung der Syrakuser, aufnahm. Siedler aus Ragusa in Dalmatien errichteten es wieder neu, gaben ihm den Namen ihrer Heimatstadt (VII. Jahrh. n.Chr.) und befestigten sie in byzantinischer Zeit mit einer Stadtmauer, um besser gegen die wiederholten Pirateneinfälle der Sarazener gewappnet zu sein. In der ersten Hälfte des IX. Jahrh. fiel Ragusa in die Hände der Araber. Nach der Machtübernahme der Normannen wurde es im Verlauf des XI. Jahrh. zur Grafschaft. Zunächst Lehen der Chiaramonte, ging sie später an die Familie Aragon und dann an die Henriquez über. Die schweren Schäden, die die Stadt durch das Erdbeben von 1542 erlitt und die fast völlige Zerstörung durch das Erdbeben von 1693 verwandelten das

Stadtbild grundlegend. Im Jahre 1865 entstand die Verwaltungseinheit *Ragusa Ibla*, die aus dem ältesten Teil des städtischen Zentrums bestand, während sich gleichzeitig der neue Stadtteil *Ragusa superiore* immer stärker entwickelte. Heute besteht Ragusa aus zwei im wesentlichen voneinander verschiedenen Stadtkernen: auf dem Ost-Absatz erhebt sich wie eine Festung *Ibla*, das die topographischen und urbanistischen Grundstrukturen aus dem Mittelalter ganz offenbar bewahrt hat. Im Westen erstreckt sich *Ragusa*, für das seine moderne Prägung und die Regelmäßigkeit seines Stadtplans mit den breiten, rechtwinklig angelegten Achsen kennzeichnend sind.

Kathedrale. Dieser mächtige Bau, dessen Anlage aus dem XVIII. Jahrhundert stammt, ist dem Hl. Johannes dem Täufer geweiht und beherrscht den gleichnamigen Platz, der durch eine Balustrade abgeteilt ist, im jüngeren Teil des Ortes.
Die elegante *Fassade* mit zwei Ordnungen entwickelt sich in die Breite, und im unteren Teil geben ihr die mächtigen Säulen mit verzierten Kapitellen den vertikalen Rhythmus. Neben der Fassade erhebt sich der Glockenturm, der mit einer Giebelstruktur endet. Über der Vierung ragt die von einem mehreckigen Tambour getragene Kuppel auf. Der

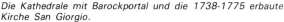
Die Kathedrale mit Barockportal und die 1738-1775 erbaute Kirche San Giorgio.

Innenraum ist wie eine Basilika in drei Schiffe geteilt; in den Seitenschiffen reihen sich Kapellen aus dem vorigen Jahrhundert aneinander, die kunstvolle Stuckornamente zieren. Hinter der Kathedrale steht das *Pfarrhaus*.

Kirche S. Maria delle Scale. Die Kirche S. Maria delle Scale geht auf das XV.-XVI. Jahrhundert zurück, wurde aber nach dem Erdbeben von 1693 in weiten Teilen neuerbaut, wobei einige Originalstrukturen des ersten Baus erhalten blieben, darunter der Glockenturm, das Portal und die Reste der Kanzel. Der *Innenraum* mit Schiffen im Stil der Gotik und der Renaissance birgt in einer im XVI. Jahrh. renovierten Kapelle ein Ton-Basrelief aus der ersten Hälfte des gleichen Jahrhunderts, das eine offenbar von Gagini stammende *Dormitio Virginis* darstellt.

Kirche S. Giorgio. Ein Meisterwerk des Barock des Settecento, das mit seiner neoklassischen Kuppel den Stadtteil Ibla beherrscht. Den Plan dieses Gebäudes, das im Jahre 1775 fertiggestellt wurde, erarbeitete R. Gagliardi. Die effektvolle *Fassade* ragt über einer Treppe empor und besitzt eine dreigliedrige Ordnung, deren Rhythmus in vertikaler Richtung die Säulen betonen; Skulpturen und Blumenmotive zieren sie. Das *Innere* dieser Kirche, die zu den schönsten Sakralbauten dieses Teils Siziliens zählt, wird durch Pfeiler in drei Schiffe geteilt.

Kirche S. Giuseppe. Auch dieser Bau in Ibla zeichnet sich durch den Schmuck seiner barocken *Fassade* aus, in der

Balkon an einem Gebäude des historischen Zentrums.

Die Ausgrabungen der Stadt Camarina brachten ►
einen Mauerabschnitt und einen der Göttin Athene
geweihten Tempel ans Licht.

Vittoria: Die Kirche Madonna delle Grazie. ►

schon in S. Giorgio auftauchende Motive aufgegriffen werden. Auch sie ist ein Werk des Architekten Gagliardi. Das *Innere* mit seinem ausgefallenen elliptischen Grundriß weist die typischen Motive des XVIII. Jahrh. auf.

Palazzo Donnafugata. Dieser Palazzo ist eines der interessantesten Zeugnisse des Baustils des XVIII.-XIX. Jahrhunderts, und in seinen Räumen ist die *Privatsammlung Baron Arezzo* untergebracht. Unter den Gemälden fällt die *Madonna mit Kind* auf, die viele für ein Werk von Antonello da Messina, andere für ein Werk von Antonio Solario halten. Andere Leinwandgemälde stammen von flämischen Künstlern.

Museo Archeologico Ibleo. Das Archäologische Museum wurde in den Sechzigerjahren gegründet und in Räumen unter dem Hotel Mediterraneo untergebracht. Hier sind Ausgrabungsgegenstände, die auf Provinzboden gefunden wurden, nach chronologischen und topographischen Gesichtspunkten geordnet.

Die *Abteilung I* ist dem Material der prähistorischen Archäologie gewidmet, die Funde sind von der Altsteinzeit bis zur Bronzezeit datierbar.

Die *Abteilung II* zeigt uns die Funde der hellenischen Siedlung Kamarina, mit zahlreichen Grabausstattungen aus den antiken Nekropolen, Tonfunden aus einer Brennerei des V.-III. Jahrh. v.Chr. und griechisch-römische Keramik.

In der *Abteilung III* wurde das Material aus den Siedlungen der Sikuler aus archaischer und klassischer Zeit geordnet, besonders die Funde vom Monte Casasia, sowie Nachweise aus den Nekropolen von Rito und Castiglione.

Die *Abteilung IV* betrifft die Ausgrabungen hellenistischer Siedlungen; Beachtung verdienen die Funde von Scornavacche und die originalgetreue Rekonstruktion einer Töpferwerkstatt.

In der *Abteilung V* wurden die Zeugnisse der Siedlungen ab der römischen Zeit geordnet; hochinteressant sind die Mosaike einer frühchristlichen Kultstätte, die in S. Croce Camarina gefunden wurden, weiter die Funde aus Caucana und die Inschriften von Comiso.

In der *Abteilung VI* werden Funde verschiedenen Ursprungs aufbewahrt.

CAMARINA

In der Nähe der Küste liegen die Ruinen der Stadt, die im VI. Jahrh. v.Chr. von den Syrakusern gegründet und von den Römern im III. Jahrh. v.Chr. dem Erdboden gleichgemacht wurde. Als bedeutendste Überreste sind zu nennen: die *Stadtmauer* aus der Zeit des Timoleon, die Reste des *Athenaion* (V. Jahrh. v.Chr.), des mächtigen, der Athene geweihten Tempels. Von den Wohnhäusern sind die Ruinen des *Hauses des Altars*, des *Hauses der Inschrift* und des *Hauses des Händlers* interessant.

VITTORIA

Das große ländliche und industrielle Zentrum liegt auf einem Abhang, der das Tal des Ippari beherrscht. Der Kern geht auf das XVII. Jahrh. zurück und ist eine Gründung der Colonna-Henriquez. Seine urbanistische Gestaltung wurde im XVIII. Jahrhundert kennzeichnend geprägt. Die *Kirche S. Giovanni Battista* stammt aus den ersten Jahren des XVIII. Jahrh. Die gewaltige dreigliedrige Fassade entwickelt sich in senkrechter Richtung; der basilikale Innenraum besteht aus drei Schiffen und das hervorstechende Element bilden hier die Stuckornamente, die Marmormotive und die Vergoldungen. Das *Stadttheater* fällt durch die prunkvolle Ausgestaltung seiner zweigeteilten neoklassischen Stirnseite auf. Die *Kirche S. Maria delle Grazie* ist das Ergebnis eines Wiederaufbaus in der zweiten Hälfte des XVIII. Jahrh.

SYRAKUS

Geschichte. Die Stadt liegt an der Ostküste Siziliens, umrahmt von der bezaubernden Umgebung der malerischen Bucht, die begrenzt wird von der Halbinsel Maddalena und der praktisch mit dem Festland verbundenen Insel Ortygia. Nach einigen glaubwürdigen Quellen wurde eine der wichtigsten Kolonien der Magna Graecia im Jahre 734 v.Chr. von korinthischen Kolonen gegründet. Die ersten Siedler ließen sich auf der Insel Ortygia nieder, die so den ursprünglichen Kern einer wesentlich ausgedehnteren Stadt mit ihren Bauten und Monumenten wurde. In klassischer Zeit bestand Syrakus praktisch aus fünf Stadtkernen: *Ortygia, Achradina, Tyche, Epipolis* und *Neapolis*. Die Stadt, deren Wohlstand und militärische Macht schnell wuchs, stieg in kurzer Zeit zu einem bedeutenden Zentrum des gesamten Mittelmeerraums auf, und schlug mit Hilfe von Agrigent die Karthager bei Himera (480 v.Chr.). Im Jahre 474 v.Chr. besiegten die von Hieron befehligten Syrakuser die Etrusker in der Seeschlacht von Cumae, die der Gebietserweiterung dieses Volkes nach Süden ein Ende setzte. Im

Die barocke Domfassade.

Das verfallene Kirchlein San Giovanni, unter dem sich eine weitläufige Nekropole des IV.-V. Jahrhunderts erstreckt.

Das griechische Theater des V. Jahrhunderts v. Chr. ist vollständig in den gewachsenen Fels gebaut.

Jahre 413 v.Chr. waren es die Athener, welche die Macht von Syrakus zu spüren bekamen: die überwältigende Mehrheit der geschlagenen und in die Sklavensteinbrüche (Latomien) deportierten Gefangenen erwartete ein furchtbares Ende. Nach wechselnden Ereignissen wurde die Stadt im zweiten punischen Krieg durch Täuschung von den Römern eingenommen (212 v.Chr.).

Als die römische Macht unterging, machte es wiederholt schwere Zeiten unter den Franken, Vandalen und Goten durch; nachdem es wieder an das Oströmische Kaiserreich gekommen war (erste Hälfte des VI. Jahrh.), hielt sich Konstans II. mit seinem Hof in Syrakus auf und wurde dort im Jahre 668 ermordet. Nach der Besetzung im Jahre 878 entzogen die Araber ihm die wichtigen Verwaltungsfunktionen, die es bisher ausgeübt hatte. In der zweiten Hälfte des XI. Jahrh. ging es an die Normannen über, denen die Anjou und — nach den Geschehnissen der Sizilianischen Vesper — die Aragonier folgten, unter denen die Stadt wieder Prestige und Autorität erlangte. Auf Grund der Verträge von Utrecht gelangte Syrakus an das Königreich Savoyen, dann an die Österreicher und die Bourbonen. Das Syrakus von heute ist eine Stadt der Kunst von außergewöhnlicher archäologischer Bedeutung, ein besonders interessanter Anziehungspunkt für Touristen, Badeort und Handels- und Industriezentrum. Kennzeichnend für die Stadt — insbesondere auf der Insel Ortygia — sind die Helle ihrer Bauten, die Schönheit ihrer mittelalterlichen und barocken Architektur und die in eindrucksvoller Zahl vorhandenen Spuren der Vergangenheit.

DIE INSEL ORTYGIA

Diese suggestive und malerische Insel streckt sich zum Naturhafen hin aus und trennt damit die Becken des großen und kleinen Hafens, *Porto Grande* und *Porto Piccolo*. Sie ist das Herz von Syrakus, Ort der ersten Sikulersiedlungen, denen dann die korinthischen Kolonen folgten, und diente der Bevölkerung der gesamten Stadt mehrmals als Zufluchtsstätte und Bollwerk.

Kathedrale. Sie erhebt sich an der höchsten Stelle der Insel und besitzt mit ihrer A. Palma zugeschriebenen *Fassade* aus dem XVIII. Jahrh. eine entschieden barocke Prägung. Eine Treppe führt von der zentralen *Piazza del Duomo* zu ihr hoch, der noch weitere leuchtende Beispiele der barocken Architektur ihr charakteristisches Aussehen verleihen.

An der Stelle der Kathedrale stand im Altertum der erhabene und prunkvolle *Tempel der Athene*, großartiges Beispiel eines dorischen Peripteraltempels aus der ersten Hälfte des V. Jahrh. v.Chr. Im VII. Jahrh. n.Chr., also in byzantinischer Zeit, wurde der Tempel in eine christliche Basilika umgewandelt, wie das auch schon mit dem Concordia-Tempel in Agrigent geschehen war. Das basilikale Züge aufweisende *Innere* besteht aus drei Schiffen; das mittlere Schiff besitzt eine Holzdecke aus dem XVI. Jahrhundert.

Arethusa-Quelle. Diese seit Urzeiten bekannte Süßwasserquelle entspringt in einer Grotte in Meeresnähe, deren Umgebung die üppige Vegetation und die mit dem Gedächtnis klassischer Autoren verbundenen Erinnerungen ihren besonderen Reiz verleihen. Pindar und Vergil übernehmen das Zeugnis des Ibykos, der sich schon im 6. Jahrh. v.Chr. an dieser malerischen Quelle aufgehalten hatte.

Apollo-Tempel. Im Hintergrund der *Piazza Pancali* erheben sich die imposanten Ruinen des Tempelbaus, die in den Dreißiger- und Vierzigerjahren aus dem mittelalterlichen urbanistischen Zusammenhang herausgeschält wurden. Von diesem Tempel, der zu den ältesten dorischen Peripteraltempeln ganz Siziliens gezählt wird (6. Jahrh. v.Chr.), nahm man zunächst fälschlicherweise an, er habe dem Kult der Artemis gedient.

Archäologisches Museum: Vase großgriechisch-sizilianischer
Herstellung (IV. Jahrhundert v.Chr.), Aphrodite vor dem
Spiegel darstellend; marmorne Herakles-Statuette aus dem
Jahr 300 v.Chr.; der Adelphia-Sarkophag (IV. Jahrhundert n.Chr.),
der in den Katakomben von San Giovanni gefunden wurde.

◄ Ein eindrucksvolles Bild der Arethusa-Quelle.

◄ Die mächtigen Ruinen des Apollo-Tempels.

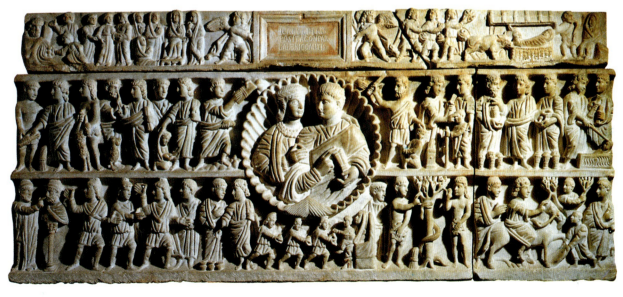

DAS FESTLAND UND DAS ARCHÄOLOGISCHE AUSGRABUNGSGEBIET

Zahlreiche Überreste aus hellenistischer und römischer Zeit können auf dem Gebiet besichtigt werden, das im Altertum die Stadtteile *Achradina* und *Tyche* eingenommen hatten.

Römisches Gymnasium. In der zweiten Hälfte des vorigen Jahrhunderts wurden Ausgrabungen vorgenommen, die Reste eines Bauwerks der römischen Zeit zutage gefördert haben, das unzutreffenderweise mit dem Gymnasium identifiziert wurde. Der auf das I. Jahrh. n.Chr. datierbare Bau war sehr wahrscheinlich ein Serapeum, zumindest in der Anfangszeit, bevor der Bau vollendet wurde. Zu den bedeutendsten Resten gehören der erhöhte *Quadriportikus* und das *Theater* mit einem kleinen, der Bühne zugewandten Zuschauerraum; diese bildet auch eine Seite des *Marmortempels*.

Katakomben von S. Giovanni. Die unterirdische Begräbnisstätte liegt bei der gleichnamigen Kirche, die die Normannen anstelle einer alten Basilikalanlage aus dem VI. Jahrh. neu errichtet hatten und die nach dem Erdbeben von 1693 in Verfall geriet.

Archäologisches Regionalmuseum. Bis vor kurzem war es in einem Palast an der Piazza Duomo in Ortygia untergebracht, wurde aber kürzlich in ein futuristisch anmutendes Gebäude im *Park Villa Landolina* verlegt. Dieser wurde über einem Steinbruch angelegt und umfaßt auch einige heidnische Gräber aus dem IV. Jahrh. n.Chr. sowie einen protestantischen Friedhof, auf dem der deutsche romantische Dichter A. von Platen ruht. Die in diesem Museum zusammengetragene Sammlung zählt, was ihre archäologische Bedeutung angeht, zu den wichtigsten in Italien. Sie bietet uns einen Querschnitt durch die Zivilisation der Sikuler und die verschiedenen Kolonisierungen der Insel, die von der Vorgeschichte bis zur frühchristlichen Zeit aufeinanderfolgten.

Griechisches Theater. Das großartige Theater, das zu den größten und schönsten gehört, die uns die Antike hinterlassen hat, fügt sich in die felsigen Hänge des Hügels Temenite ein, wobei die Cavea (Zuschauerraum) zur meerumspülten Ebene von Syrakus hin gerichtet ist.
Die Ursprünge des Theaters reichen bis ins V. Jahrh. v.Chr. zurück, als der Architekt Demokopos es errichtete. Zur Zeit Hierons II. (III. Jahrh. v. Chr.) wurde das Bauwerk stark umgebaut und erweitert, wodurch sich auch das ursprüngliche äußere Bild veränderte. Das für klassische Aufführungen und öffentliche Versammlungen genutzte Theater war seit frühester Zeit das Herz des Stadtlebens von Syrakus. Unter den Römern (I.-V. Jahrh. n.Chr.) wurden am Theaterbau wiederum Veränderungen vorgenommen, um dort bestimmte Aufführungen und typische Veranstaltungen der römischen Welt durchführen zu können.

Der Zuschauerraum des griechischen Theaters.

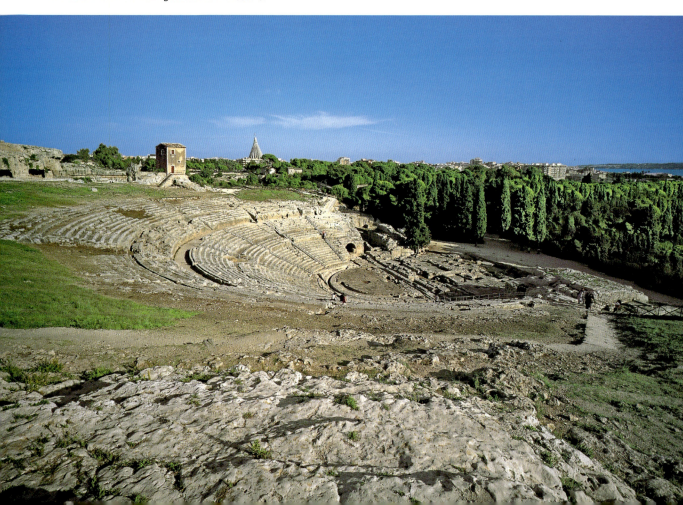

Das römische Amphitheater aus dem I. Jahrhundert v.Chr.

Die künstlich angelegte Grotte, Ohr des Dionysios genannt.

Leider hat der unselige Raubbau der ersten Hälfte des XVI. Jahrh., als unter Karl V. der obere Teil der Cavea und die Bühne abgebrochen wurden, um Baumaterial für die Befestigung von Ortygia zu gewinnen, das Bauwerk in seiner Grundstruktur schwer und unwiederbringlich verändert und geschädigt.

Die weite Cavea, die einst aus 67 Sitzreihen bestand, schrumpfte auf 46 Reihen zusammen, die in 9 keilförmige Sektoren eingeteilt sind. Früher überdeckte sie eine Säulenhalle, die später einstürzte und von der nur sehr wenig Material erhalten blieb; archäologische Nachforschungen stützen die These, daß sich hier auch das *Mouseion* befunden habe, dem das Archäologische Museum der Stadt wertvolle Zeugnisse verdankt. Im Mittelteil öffnet sich das *Nymphäum*, eine Art künstliche Grotte, in der eine Quelle entspringt, die zur Wasserversorgungsanlage des Theaters gehörte.

Römisches Amphitheater. Es ist sicher das Hauptbauwerk dieser Art in Sizilien und kann auf das I. Jahrh. v.Chr. datiert werden, als es in grandiosen Ausmaßen errichtet und dabei zum großen Teil direkt in den Fels gehauen wurde. Der ellipsenförmige Grundriß und die strukturellen Ähnlichkeiten mit dem Kolosseum lassen klar erkennen, daß diese Anlage für Zirkusspiele und Gladiatorenkämpfe benutzt wurde.

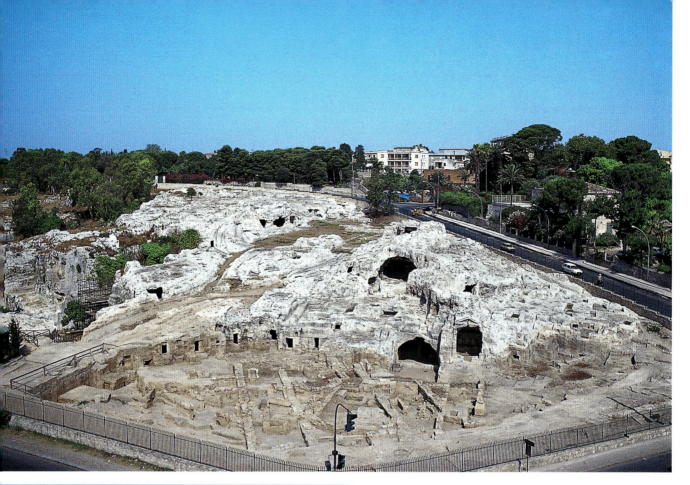

Die Nekropole dei Grotticelli mit dem sogenannten Archimedes-Grab, in Wirklichkeit ein römisches Kolumbarium des I. Jahrhunderts n. Chr.

Der Altar Hierons II. (III. Jahrhundert v. Chr.).

Palazzolo Acreide: eine Ansicht der archäologischen Zone. ▶

Augusta: Ein Blick auf die Brücke, die zum Porta Spagnola (1681) führt. ▶

Das **Ohr des Dionysios**, das Caravaggio so benannt hat, besitzt die Form einer Hörmuschel und eine ganz außergewöhnliche Akustik. Die Legende erzählt, der Tyrann von Syrakus habe seine Feinde hier einsperren lassen und von außen ihre Gespräche mitgehört.

Das *Kastell Euryalos* eien mächtige Verteidigungsanlage, gehört zu einem Komplex von Bauwerken, den Dionysios errichten ließ und der auch die Stadtmauern mit einschloß (IV. Jahrh. v.Chr.). Die Ruinen, wie sie heute vor uns stehen, sind das Ergebnis von Umbauten, die in byzantinischer Zeit vorgenommen wurden. Die Burg steht auf der Hochebene von Epipolis, einer Stelle, die man in der Antike für sehr verwundbar hielt und der man entscheidende Bedeutung für die Verteidigung von Syrakus beimaß.

Altar Hierons II. Es handelt sich um den größten griechischen Altar der Antike. Hieron II. ließ ihn um das III. Jahrh. v.Chr. errichten. Er besteht aus einem rechteckigen, 22,80 m x 198 m großen Bau; in römischer Zeit fügte man um ein zentrales Becken einen Portikus hinzu. Erhalten blieb der aus dem Fels herausgehauene Unterbau, während die gemauerten Wände im Laufe des XVI. Jahrh. von den Spaniern zerstört wurden.

PALAZZOLO ACREIDE

Der von archäologischem Interesse wichtige Ort liegt an die Ausläufer der Monti Iblei gelehnt im oberen Tal des Anapo. Der heutige Ortskern ist eine Gründung aus dem XVII. Jahrhundert; in der Nähe stand *Akrai*, die antike Kolonie der Syrakuser, die sich ab dem VII. Jahrh. v.Chr. hier niedergelassen hatten. Auf den Abhängen des nahen *Hügels Acremonte* erstrecken sich die bedeutenden Überreste des *Archäologischen Ausgrabungsgebiets*. Das in der ersten Hälfte des vorigen Jahrhunderts ausgegrabene *Theater* stammt aus dem III. Jahrh. v.Chr. und ist zwar nicht sehr groß, dafür aber im wesentlichen gut erhalten. Der (teilweise rekonstruierte) Zuschauerraum besteht aus 12 Sitzreihen, die in 9 Keile aufgeteilt sind. Das nahegelegene *Bouleuterion* steht neben der Agorà; 6 Sitzreihen bilden hier einen Halbkreis. Reste eines archaischen Tempelbaus auf der *Akropolis*, die auf das VI. Jahrh. v.Chr. datiert werden können, stützen die Annahme, daß hier der *Aphrodite-Tempel* gestanden habe. An den Südosthängen des Hügels öffnen sich zwei Steinbrüche; in der *Latomie Intagliatella* sind kleine Nischen, in die kleine Votivtafeln gestellt werden konnten, und ein in den Fels gehauenes Relief zu sehen mit Opferszenen und einem Bankett. In der *Latomie Intagliata* wurden Grufte und Katakomben aus christlicher Zeit und Höhlenwohnungen der byzantinischen Epoche entdeckt. Die *Templi Ferali* sind in Wirklichkeit eine Latomie, die den anderen beiden ähnlet, und wo Votiv- und Opfergaben gefunden wurden. Am Ostabhang des Acremonte befinden sich die *Santoni*, kuriose Felsenskulpturen (III. Jahrh. v.Chr.), die eine Felswand einnehmen und auf den Kybelekult zurückzuführen sind.

AUGUSTA

Die kleine Stadt erstreckt sich auf einer durch Brücken mit dem Festland verbundenen Insel im oberen Teil der gleichnamigen Bucht. Der Ortsname geht auf die römische Kaiserzeit zurück, denn Augustus gründete die neue Kolonie (I. Jahrh. v.Chr.). Bis zwei Jahrhunderte vorher war in dieser Gegend die griechische Kolonie *Megara Hyblaea* bewohnt worden, die nach den Verwüstungen der Syrakuser und Römer verfiel. Auch Augusta wurde von den Sarazenen gänzlich zerstört und von den Staufern wiederaufgebaut (XIII. Jahrh.). Später war es Besitz der Familie Aragon, wurde aber in jüngerer Zeit, und zwar im XVII. und XIX. Jahrh. wiederum schwer geschädigt, diesmal durch Erdbeben. Der Ort erlangte auch Berühmtheit durch die Landung der alliierten Truppen im letzten Weltkrieg (Juli 1943). Heute ist es ein Zentrum der Erdöl- und petrochemischen Industrie mit Raffinerien, Fabriken und einem recht aktiven Handelshafen. Die *Burg* stammt aus der Stauferzeit (XIII. Jahrh.) und dient heute als Gefängnis.

Der ursprünglich im XVII. Jahrh. errichtete *Dom* wurde nach dem Erdbeben von 1693 ein zweites Mal aufgebaut und in der zweiten Hälfte des XVIII. Jahrh. vollendet.

Der *Palazzo Comunale* weist die eleganten Merkmale des späten Seicento auf. Interessant ist auch die barocke *Kirche delle Anime Purganti* (XVII. Jahrh.). Im Hafen sind noch die kleinen Festungen *Avalos*, **Garzia** und *Vittoria* aus dem XVI. Jahrh. zu sehen. Empfehlenswert ist ein Ausflug zu den *Ruinen von Megara Hyblaea*, das eine der ältesten Kolonien der Griechen in Sizilien war. Die Stadt ist eine Gründung Megaras (VIII. Jahrh. v.Chr.) und ihre Blütezeit dauerte bis zur endgültigen Vernichtung durch Marcellus

(213 v.Chr.). Es ist nicht leicht, die bei den Ausgrabungen zutage geförderte Struktur der Stadt zu verstehen, da die hellenistische Stadt über einer primitiven archaischen Siedlung erbaut wurde.

In einem *Antiquarium* sind einige Funde und Material aus den archäologischen Untersuchungen untergebracht worden, während der größte Teil der Beweisstücke ins Museum der Provinzhauptstadt verlegt wurde.

Zu den am deutlichsten erkennbaren Ruinen gehören die Überreste der *Stadtmauer*, die auf die hellenistische Periode zurückgeht, und die Reste zweier turmbewehrter Bauten. Auch die *Agorà* konnte ausgemacht werden; sie ist umgeben von den Spuren der Wohnhäuser der hellenistischen Periode mit Läden und einem Hof, der von Holzsäulen umstanden gewesen sein muß. Sichtbar sind auch die Spuren antiker Wohnungen, die bis auf das VIII. Jahrh. v.Chr. datiert werden können. Im oberen Teil der Agorà wurde auch die Stelle bestimmt, an der die *Stoa* (VII. Jahrh. v.Chr.) stand. Interessant sind auch die Reste eines *Heiligtums* der hellenistischen Periode, die eines dorischen *Tempels*, der wahrscheinlich dem Kult der Aphrodite geweiht war (IV. Jahrh. v.Chr.), Reste einer *Palästra* und anderer Tempelbauten.

Sehenswert sind schließlich die Überreste eines großen *Hauses* der hellenistischen Periode, dessen Raumaufteilung noch heute erkennbar ist, und diejenigen einer Badeanstalt mit primitiver Heizungsanlage, die von den Römern in einen Brennofen für Kalkmaterial umgewandelt wurde.

Die Ausgrabungen in Megara Hyblaea, griechische Kolonie des VI. Jahrhunderts v.Chr.

Die Cavea des Theaters.

CATANIA

Geschichte. Die Stadt erstreckt sich am oberen Rand der gleichnamigen Bucht an der ionischen Küste Siziliens. Den landschaftlich ausgesprochen reizvollen Hintergrund bildet die Naturkulisse des ständig mit einer weißen Schneedecke überzogenen Etna, der umso stärker mit dem klaren Blau des Himmels und dem dominierenden Gelb der ausgedehnten Anpflanzungen von Zitrusfrüchten kontrastiert. Die chalkidische Kolonie *Katinon* setzte die Folge uralter früherer Siedlungen, die es hier schon seit der vorgeschichtlichen Epoche gegeben hatte, fort. Später gelangte sie in den Besitz Gelons von Syrakus, der sie in *Aetna* umbenannte, ging aber (im Jahre 461 v.Chr.) erneut in die Hände ihrer Gründer über, die der Stadt wieder ihren ursprünglichen Namen gaben. In den darauffolgenden Jahrhunderten erlebte sie die Wechselfälle der Geschichte, die mit der unstabilen und ständig wechselnden politischen Lage im damaligen Sizilien zusammenhingen. In der zweiten Hälfte des III. Jahrh. v.Chr. machten die Römer zunächst eine *Civitas Decumana* und dann eine richtige Kolonie daraus, was der Stadt eine Periode relativer Ruhe sicherte. Ab dem VI. Jahrh. wurde es von Ostgoten und Byzantinern beherrscht, denen die Araber folgten. Im XI. Jahrh. ging es in die Hände der Normannen über, die Bauwerke wie die Kathedrale errichteten. Dann war die Reihe an den Staufern und nach ihnen kamen die Aragonier, die hier die Burg Ursino erbauten und Catania zu ihrer bevorzugten Residenz erkoren. Im Jahre 1669 begrub ein verheerender Ausbruch des Ätna die Stadt unter einer dicken Lavaschicht, die bis ans Meer vordrang. Nicht einmal dreißig Jahre später setzte ein katastrophales Erdbeben das Zerstörungswerk des Vulkans fort und erzwang den erneuten Wiederaufbau. Dieser erfolgte im noch bis heute die Stadt prägenden barocken Stil.

Im XIX. Jahrh. nahm Catania in vorderster Linie an den Befreiungskämpfen des Risorgimento teil, die schließlich in der Unterstützung des Garibaldi-Aufstands gipfelten. Im Verlauf des zweiten Weltkriegs wurde Catania schwer geschädigt, und daher wirkt das heutige Catania im wesentlichen modern und dynamisch.

Dom. Er steht am gleichnamigen Platz, der ein Ambiente von feinem, harmonischem Reiz darstellt. Der erste Grundstein des Bauwerks wurde in der Regierungszeit des Normannenkönigs Roger I. gelegt, im letzten Jahrzehnt des XI. Jahrh. Von diesem Bau bleiben die Rückseite mit den drei Apsiden und ein Teil des Querhauses erhalten. Schon im Jahre 1169 stürzte bei einem furchtbaren Erdbeben ein großer Teil des normannischen Baus ein, der danach wiederaufgebaut und bei der verheerenden Erschütterung im Jahre 1693 wiederum gänzlich zerstört wurde. Aus dem darauffolgenden Wiederaufbau ging der Dom so hervor, wie wir ihn heute sehen, und zwar nach einem Entwurf von Fra' Girolamo Palazzotto, der durch die wunderbare *Fassade* von G.B. Vaccarini seine endgültige Vollendung erfuhr. Letztere ist ein Meisterwerk des Barocks in Sizilien; sie entstand in der ersten Hälfte des XVIII. Jahrh. und besteht aus zwei Säulenreihen, von denen die im unteren Geschoß sehr alt sind und wahrscheinlich zu einem früheren Bau gehörten. Im imposanten, dreischiffigen *Inneren* blieben einige besonders hervorstechende Raumaspekte erhalten, die darauf beruhen, daß Elemente der ursprünglichen

Piazza del Duomo: die Kathedrale.

Das 1890 eingeweihte Teatro Bellini und die ▶
mächtige Burg Ursino.

normannischen Architektur immer noch vorhanden sind, auf denen die Motive des barocken Neubaus aufbauen. An den Enden des aus dem ersten normannischen Bau erhaltenen Querhauses stehen zwei unvollendet gebliebene Glockentürme, während sich über der Vierung die Kuppel von Battaglia erhebt. Beim zweiten Pfeiler rechts befindet sich das *Grab Vincenzo Bellinis* (1801-1835), eines der berühmtesten Söhne der Stadt am Ätna. Die rechte Apsis birgt die **Kapelle der Hl. Agatha**, die ein herrlich gearbeitetes schmiedeeisernes Gitter absperrt. Hier kann man das *Grabmonument des Vizekönigs Ferdinand D'Acuna* bewundern, ein sehr schönes Werk des Bildhauers Antonello Freri aus Messina.

Kirche S. Nicolò. Das Bauwerk aus dem XVIII. Jahrh. zählt zu den größten Kirchenbauten in Sizilien; sein charakteristisches Merkmal ist die mächtige, allerdings nie ganz vollendete **Fassade** mit verstümmelten Riesensäulen; sehr charakteristisch ist die Krönung des Mittelteils der Vorderfront aus dunklem Lavagestein, das mit dem hellen Weiß der Fassade kontrastiert. Der *Innenraum* mit seinen beträchtlichen Ausmaßen setzt sich aus drei Schiffen zusammen, die mächtige Pfeiler voneinader trennen, und zeichnet sich durch seine nüchterne Linearität und das vollkommene Fehlen von Zierelementen aus. Auf dem Boden des Querhauses ist ein kurioser *Meridian* mit den Tierkreiszeichen eingezeichnet, ein Werk von Bertel Thorwaldsen (erste Hälfte des XIX. Jahrh.).

Porta Uzeda. Am Anfang der *Via Etnea* — belebtes Stadtzentrum, Hauptstraße und Treffpunkt der Einwohner Catanias, reich ausgestattet mit architektonisch hochinteressanten Gebäuden — steht dieses gegen Ende des XVII. Jahrh.

errichtete Tor, für das sein barockes Aussehen kennzeichnend ist. In der Nähe blicken der *Erzbischöftliche Palast* und ein Stückchen weiter der *Palazzo Biscari* auf das Hafenbecken. Diese A. Amato zugeschriebenen Bauwerke sind eindeutige Beispiele für die Barockarchitektur der Stadt.

Palazzo del Municipio. Das Rathaus steht an der *Piazza del Duomo* mit dem charakteristischen **Elefantenbrunnen**, ein Werk aus dem XVIII. Jahrh. von G.B. Vaccarini, der einen ägyptischen Obelisken auf einen antiken, wahrscheinlich in der Römerzeit entstandenen Elefanten aus Lavagestein stellte, der zum Wahrzeichen der Stadt am Ätna aufstieg. Letzterer, der im Volksmund *Liotru* genannt wird, stammt einigen Quellen zufolge aus Karthago, andere halten ihn für byzantinisch. Das *Rathaus* zeichnet sich durch die schönen architektonischen Formen aus, die Vaccarini ihm in der ersten Hälfte des XVIII. Jahrh. gab. Bemerkenswert das Bossenwerk im Untergeschoß, die Aufteilung durch Lisenen, die Fenster mit Balkon im Obergeschoß und das Mittelportal mit Säulen an beiden Seiten, die eine Balustrade des mittleren Balkons stützen.

Burg Ursino. Den Plan für diesen mächtigen, in der ersten Hälfte des XIII. Jahrh. errichteten Bau mit quadratischem Grundriß arbeitete Riccardo da Lentini für Friedrich II. von Hohenstaufen aus, der damit den Küstenstreifen vor der Gefahr von Pirateneinfällen schützen und außerdem über eine befestigte Zitadelle in der Stadt verfügen wollte, um mögliche Volksaufstände unter Kontrolle zu halten. Das Bauwerk wurde im XVI. Jahrh. umgebaut und nach den Schäden, die der Ätnaausbruch von 1669 hervorgerufen hatte, wieder instandgesetzt. Die letzte Renovierung wurde in der ersten Hälfte unserers Jahrhunderts vorge-

Der Elefantenbrunnnen von G.B. Vaccarini; zwei Ansichten der Piazza Stesicoro mit den Resten des römischen Amphitheaters.

nommen. Das von einem Graben umgebene Bollwerk ist mit runden Türmen an den Ecken und weiteren, nicht so bedeutenden Turmbauten in der Mitte jeder Seite versehen. In den Räumen ist eine interessante Museumssammlung untergebracht.

Römisches Theater. Die deutlichen Spuren dieses Theaterbaus aus der römischen Epoche gehen auf die Kaiserzeit zurück; damals wurde dieses Theater an der Stelle eines antiken, auf das V. Jahrh. v.Chr. datierbaren griechischen Theaters errichtet. Den Eingang bildet das Eingangstor des Gebäudes der *Oberintendanz der Schönen Künste* (Via Vittorio Emanuele 266). Zu bewundern sind der Mittelteil des Zuschauerraums, die Wandelgänge und die Reste der Orchestra mit Marmorboden.

Römisches Amphitheater. Es liegt am Rande der Piazza Stesicoro und ist ein bedeutendes Zeugnis der römischen öffentlichen Baukunst. Die großartige, ellipsenförmige Grundstruktur war nur wenig kleiner als die des Kolosseums in Rom und kann auf das II. Jahrh. n.Chr. datiert werden; auf seinen Stufen fanden, wie es scheint, bis zu 16.000 Zuschauer Plaz. Nach dem im V. Jahrh. einsetzenden Verfall wurden die Steine als Material für den Bau neuer öffentlicher Bauwerke abgebrochen.

Teatro Bellini. Der klassische Theaterbau aus der zweiten Hälfte des vorigen Jahrhunderts ist dem großen Komponisten aus Catania gewidmet. Er ist ein Werk der Architekten A. Scala und C. Sada und zeichnet sich durch seinen herrlichen Innenraum aus.

ACI CASTELLO - ACI TREZZA

Der erste bedeutende Ort an der *Riviera der Zyklopen* erstreckt sich nördlich der Provinzhauptstadt. Die Bevölkerung geht hier seit Jahrhunderten der Fischerei nach, die noch mit traditionellen Methoden betrieben wird. Seit noch nicht allzu langer Zeit hat sich die Ortschaft zum Bade- und Sommerferienort entwickelt, während in der umliegenden Gegend der intensive Anbau von Agrumen blüht. In der zweiten Hälfte des XII. Jahrh. wurde Aci durch ein furchtbares Erdbeben völlig zerstört, so daß die Bevölkerung in benachbarte Orte flüchten mußte, die sich ihrerseits entwickelten und heute an der Vorsilbe *Aci* erkennbar sind. Die typischste Sehenswürdigkeit ist die von den Normannen gegründete **Burg**, die im XI. Jahrh. auf einem dunklen Basaltfelsen errichtet wurde und der ihre Lage auf dem steil ins Meer abfallenden Fels besonderen Reiz verleiht. Der nahegelegene Ortsteil *Aci Trezza* hat als Handlungsort des bekannten Romans "*Die Familie Malavoglia*" von Giovanni Verga Berühmtheit erlangt. Auch dieser ist ein beliebter Badeort, der schön in einer sehr reizvollen Umgebung eingebettet liegt. Nur wenige hundert Meter vom Ufer tauchen die Basaltfelsen der *Faraglioni* (Klippen) oder auch "Zyklopenfelsen" genannt aus dem Meer auf; die Überlieferung identifiziert sie mit den Riesensteinen, die der Riese Polyphem dem Odysseus nachschleuderte. Den größten dieser

Zwei Ansichten der malerischen Küste von Aci Castello und dem Ortsteil Aci Trezza.

Piazza del Duomo: die Kathedrale (18. Jh.)

Die prunkvolle Barockfassade von San Sebastiano.

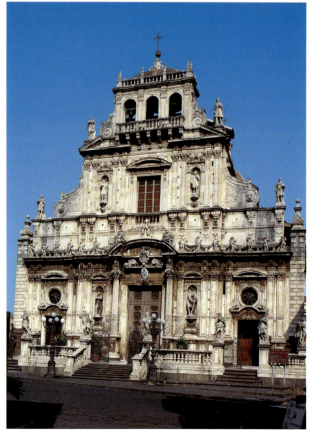

Felsen, der früher einmal unter der Bezeichnung *Insel Lachea* bekannt war, schenkte ein privater Besitzer der Universität Catania, die dort eine Beobachtungsstation für Meeresphysik und Biologie eingerichtet hat.

ACIREALE

Die kleine Stadt liegt auf einem terrassierten Abhang aus Lavagestein zwischen den letzten Ausläufern des Ätna und der ionischen Küste. Ihre Berühmtheit verdankt sie den Thermalquellen vulkanischen Ursprungs, von denen moderne Thermalbäder gespeist werden. Der **Dom** stammt aus dem XVI.-XVII. Jahrh., wurde aber im XVIII. Jahrh. umgebaut. Die Fassade aus dem XIX. Jahrh. ist ein Werk von G.B. Basile und ihr besonderes Merkmal ist das schöne Portal aus Alabastermarmor (XVII. Jahrh.). Der erhabene Innenraum ist in der Vierung und im Chor reich mit Fresken ausgeschmückt; es handelt sich um Werke von Künstlern des Settecento. Ebenfalls auf den zentral gelegenen Domplatz blicken der **Palazzo Comunale** aus der zweiten Hälfte des XVII. Jahrh., der sich durch die typischen Züge des catanesischen Barocks auszeichnet, und die **Kirche S.S. Pietro e Paolo**. Dieses Bauwerk mit den basilikalen Zügen des Settecento besticht durch die bewegten Linien der Fassade, der die architektonisch großartige doppelte Ordnung Leben verleiht; sie ist von Ornamenten gekrönt, während die eleganten Säulen, ihr die senkrechte Richtung geben.

Nicht zu vergessen ist ein Abstecher zur *Villa Belvedere*, einem öffentlichen Park, von dem aus man den beachtlichen Rundblick auf den Ätna und das Meer genießen kann. Ein schöner Spaziergang durch eine landschaftlich ausgesprochen reizvolle Umgebung führt uns an den steilen Abhängen der "Timpa" entlang zu dem hübschen Fischerdorf *S. Maria la Scala*.

ÄTNA

Mit seinen 3343 Metern Höhe ist er der höchste noch aktive Vulkan des Alten Kontinents. Wegen seiner großen naturkundlichen Bedeutung und seines einzigartigen Landschaftswerts wurde dieses Gebiet vor kurzem zum Naturpark erklärt, für den die Region Sizilien ein spezielles Gesetz verabschiedet hat.

Der höchste Teil des Vulkans wurde auch für den mit dem Wintersport zusammenhängenden Fremdenverkehr erschlossen, und so sind die entsprechenden Infrastrukturen für die beliebtesten Wintersportarten geschaffen worden. Um diesen eindrucksvollen vulkanischen Komplex, der mit seiner massiven Präsenz dem nordöstlichen Teil der Insel seinen Stempel aufdrückt, ranken sich seit undenklichen Zeiten Legenden und Sagen. Bekannt ist auch ein anderer Name *Mongibello*, dem man seine alten arabischen Ursprünge ansieht. Hervorstechendes Merkmal des Ätna ist

Zwei Bilder des Ätna während eines Ausbruchs.

Vulkanausbruch und nächtlicher Lavastrom.

Der Ätna und die unbeschreibliche Flora an den Hängen ▶
des Vulkans.

aber die Vielfalt der Baum- und Pflanzenarten, die seine Flanken bedecken und mit zunehmender Höhe wechseln, bis sie schließlich einer regelrecht wüstenhaft anmutenden Landschaft den Raum überlassen. Die vielen Ausbrüche, die sich im Laufe der Jahrhunderte ereignet haben, haben auch die Gestalt des Ätna verändert. Einer der verheerendsten der unzähligen Ausbrüche (von denen in historischer Zeit mindestens 135 gezählt wurden) war derjenige, der sich im Jahre 1669 ereignete und der folgenschwere negative Auswirkungen für das nahe Catania hatte. Auch dieses Jahrhundert war von oft wiederkehrenden Ausbrüchen gekennzeichnet, von denen einige besonders schwere nicht wenige Schäden und Zerstörungen im Umkreis des Ätna mit sich gebracht haben. Zu den spektakulärsten gehört der noch nicht lange zurückliegende Ausbruch im Frühjahr 1983, bei dem auf Sprengungen zurückgegriffen werden mußte, um die ungeheuren Lavaströme, die einige Ortschaften auf den Abhängen des Vulkans bedrohten, in sicherere Zonen umzuleiten.

RANDAZZO

Das Städtchen liegt in der Nähe des Zusammenflusses des Alcantara mit dem Flascio in dem Tal, das das vulkanische Massiv des Ätna vom Nebrodischen und Peloritanischen Gebirge trennt. Die Struktur des Orts verrät noch seine mittelalterliche Anlage, mit vielen Bauten aus Lavagestein; seine Ursprünge gehen auf die byzantinische Zeit zurück, als es sich an der Stelle antiker Siedlungen der Sikuler entwickelte, doch seine Blütezeit erlebte es besonders unter den Aragoniern.

Die *Kirche S. Nicolò* geht auf das XIV. Jahrh. zurück; aus dieser Zeit ist noch der Apsisbau erhalten. So wie sich das Bauwerk unseren Blicken heute darbietet, ist es das Ergebnis der zwischen 1500 und 1600 vorgenommenen Eingriffe. Im Inneren blieben ansehnliche Bildhauerarbeiten der Gagini erhalten.

Die *Kirche S. Maria* stammt aus dem XIII. Jahrh., und von diesem ursprünglichen Bau sind noch die drei Apsiden der Rückseite erhalten. Die Seitenportale erinnern an katalanische Motive des Quattrocento, während die Fassade und der Campanile in ihrer heutigen Gestalt auf die in der zweiten Hälfte des vorigen Jahrhunderts durchgeführten Arbeiten zurückgehen.

DIE SCHLUCHTEN DES ALCANTARA

Die Schlucht des Alcàntara, eine Pflicht für jeden Touristen, erreicht man von Taormina, Giardini-Naxos aus, über die Landstraße 185 in Richtung Francavilla di Sicilia, nach 13

Vedute des Städtchens und der gotischen Chiesa Madre di Santa Maria.

Km. Dieses Naturschauspiel aus Basaltfelsen geht auf den Ausbruch des Vulkans Monte Moio zurück (2.400 v.Chr.), dem am weitesten vom Ätna entlegenen Kegel. Der Lavastrom füllte das gesamte Tal des Alcàntara, bis zur Mündung des Flusses, wo die Griechen 735 v.Chr. ihre erste sizilianische Kolonie gründeten.

Auf der Höhe von "Sciara Larderia" erreichte der Lavastrom eine Höhe von 70 Metern. Noch glühend und in folge von natürlichen Erdsenkungen, spaltete sich die Masse der Länge nach, gewunden, über eine Länge von 500 Metern, 70 Meter tief und 5 Meter breit — so bildete sich eine Schlucht. Erst später flossen die Wasser des Einzugsgebiets des Alcàntara in den Spalt, weshalb der Name 'Gola dell'Alcàntara' entstand. Der kontinuierliche Fluß des Wassers hat die Basaltwände der Schluchten abgeschliffen und ihnen jenes Schillern verliehen, das man heute bei Lichteinstrahlung bewundern kann. Zu den Schluchten gelangt man über einen Pfad mit herrlicher Aussicht, oder mit einem modernen Lift. Um sich beim Eintritt in die Schluchten vor dem eiskalten Wasser und den spitzen Steinen zu schützen, empfehlen sich Gummistiefel, die man auch vor Ort leihen kann. Wenn man den Ort nicht gut kennt oder informiert ist, bedeutet der Besuch des Innern der Schlucht eine gewisse Gefahr.

Es gibt einen großen Parkplatz, eine Bar, ein Restaurant und eine agritouristische Einrichtung in der man übernachten und essen kann. Die schmackhaften Speisen werden nach traditionellen Rezepten zubereitet und einige Produkte können auch erworben werden.

Bilder der faszinierenden Basaltschluchten des Alcantara.

Malerische Stadtansicht.

Zwei Ansichten des griechisch-römischen Theaters, mit dessen ►
Bau man im III. Jahrhundert v. Chr. begann.

TAORMINA

Fast an der Grenze zur Provinz Catania schmiegt sich Taormina an den Hang des Monte Tauro, in wunderbarer Lage mit herrlichem Ausblick, und bildet damit eine touristische Attraktion, auf die Sizilien besonders stolz sein kann. Dank seines besonders angenehmen Mikroklimas und der herrlichen, bezaubernden Lage auf einer Terrasse an der ionischen Küste, mit der majestätischen, eindrucksvollen Naturkulisse des Ätna im Hintergrund, aber auch wegen des großen Bestandes an geschichtlich, kulturell und archäologisch wertvollen Kunstwerken ist Taormina eines der beliebtesten Touristenziele der Insel, Luftkurort, Ferien- und Aufenthaltsort ersten Ranges. Die Ortschaft verfügt über eine gepflegte und funktionelle Hotelstruktur, die sich bis zu den Stränden von *Isola Bella*, *Mazzarò* und *Spisone* erstreckt; diese sind mit dem Zentrum auch durch eine Seilbahn verbunden.

Das von Griechen gegründete *Tauromenion* wuchs ab dem IV. Jahrh. v.Chr. an, und zwar nach dem Verfall der chalkidischen Kolonie Naxos, obwohl bei der Gründung des ersten Siedlungskerns die Anwesenheit von Sikulern als gesichert erscheint. Es wurde schnell zu einer Satellitenstadt von Syrakus, dem Taormina bis zur ersten Kolonisierung durch die Römer, die um das III. Jahrh. v.Chr. erfolgte, treu blieb. Als Syrakus seine Bedeutung verlor, wurde Taormina Hauptstadt des byzantinischen Siziliens und blieb es bis zur Eroberung durch die Araber zu Beginn des X. Jahrhunderts. Darauf folgte der wiedergewonnene Wohlstand unter den Normannen. Das *Griechische Theater* ist zweifellos die Hauptsehenswürdigkeit, auch wegen seiner ausgesprochen glücklichen landschaftlichen Lage mit eindrucksvollen Ausblicken auf die kalabresische Küste, die sizilianisch-ionische Küste und den imposanten Vulkan Ätna. So wie

sich das Theater uns heute darbietet, stammt es zweifellos aus römischer Zeit (II. Jahrh. v.Chr.), es wurde aber über gleichartigen früheren Bauten der hellenistischen Periode errichtet. Den Nachweis der älteren griechischen Ursprünge des Bauwerks erbringen einige Inschriften auf den Stufen sowie Reste eines kleinen Tempels, der der Erweiterung der Cavea in römischer Zeit zum Opfer fiel.

Zum Theater gehört das *Antiquarium*, wo archäologische Fundstücke von großem Interesse wie Grabinschriften und Bildhauerwerke gezeigt werden, darunter ein nach einem griechischen Original angefertigter *Torso*, ein *Frauenkopf* aus Marmor der hellenistischen Periode und ein Sarkophag, ebenfalls aus Marmor.

An der Stelle, an der sich das antike *Forum* befand, nämlich der heutigen Piazza Vittorio Emanuele, wurden Reste von *Thermen* der Kaiserzeit ausgegraben; sie bestehen aus drei großen Räumen, an die sich kleinere Zimmer anschließen.

Die *Naumachia* war sehr wahrscheinlich ein in der Kaiserzeit errichteter Monumentalbrunnen, denn damals wurde die Stadt um viele öffentliche Bauten bereichert. Heute sehen wir von diesem Bauwerk eine Mauer, die große Nischen mit Apsiden verzieren; die Zisterne hinter der Mauer ist allerdings ziemlich schlecht erhalten.

Eines der letzten Zeugnisse der Antike Taorminas ist das *Odeon*, ein überdachtes Theater aus der Kaiserzeit, das auf das II. Jahrh. n.Chr. datiert wird. Die aus Backsteinen erbaute Cavea bilden fünf kleine Keile, während sich die Bühne an einen antiken Tempel anlehnt, der teilweise der darüber gebauten Kirche S. Caterina einverleibt wurde, und von dem wir bis heute nicht wissen, welchem Gott er geweiht war.

Palazzo Corvaia ist ein Bauwerk aus dem 15. Jahrh., das als Versammlungsort des ersten Parlaments der Insel errich-

tet wurde. Es zeichnet sich durch seine Fassade mit Zinnen aus, die Zwillingsfenster und ein ansehnliches Portal gotisch-katalanischer Prägung verschönern; auf dem Gesims kann man eine lateinische Inschrift lesen. Sehr reizvoll der kleine Hof. Der *Dom* stammt aus dem XIII. Jahrh., wurde aber in der Renaissance wesentlich verändert. Die einfache, dreigliedrige Fassade wird von einem Zinnenkranz gekrönt. Das Portal auf der linken Längsseite wirkt gotisch (XVI. Jahrh.), während das Portal auf der rechten Seite aus dem XV. Jahrh. stammt. Den Innenraum teilen große, die Spitzbögen tragende Säulen in drei Schiffe. Vor der Vorderseite dieses Bauwerks steht ein *Brunnen* aus dem XVII. Jahrhundert im barocken Stil mit einer mythologischen Darstellung, die auch das Stadtwappen ziert. *Corso Umberto* heißt die stark besuchte, belebte Hauptstraße, auf der die Touristen promenieren und wo sich die eleganten Geschäfte und Lokale befinden. Wenn man diese Straße entlanggeht, trifft man auf die Piazza 9 Aprile mit Aussicht, an der die frühere *Kirche S. Agostino* steht, ein gotischer Bau des XV. Jahrh.; ein Stück weiter steht der *Uhrturm* mit der *Porta di Mezzo*, durch die man in eine Zone eintritt, die sowohl unter dem Gesichtspunkt der Umwelt als auch architektonisch sehr interessant ist und noch typisch mittelalterliche Züge aufweist. Die *Badia Vecchia*, auch *Badiazza* genannt, ist ein suggestiver Turmbau, der den Ort überragt. Es handelt sich um ein im XV. Jahrh.

◄ *Die verschneite Spitze des Ätna bildet den Hintergrund des griechischen Theaters von Taormina.*

Domplatz mit der Kathedrale San Nicola und dem Brunnen; der Eingang zum Palazzo Corvaja und die Fassade des Palastes der Herzöge Santo Stefano.

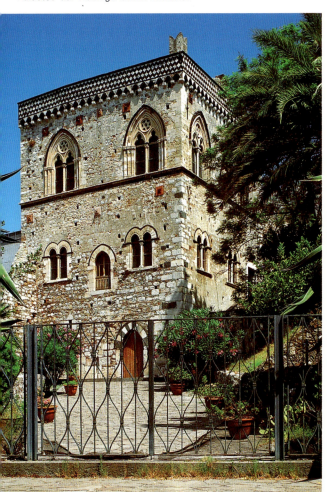

errichtetes, quadratisches Bauwerk, das stark restauriert wurde. *Palazzo Ciampoli* geht auf die erste Hälfte des 15. Jahrh. zurück und weist die typischen Merkmale der gotisch-katalanischen Architektur auf; die Vorderfront lockert eine Reihe eleganter Biforen auf.

Im **Palazzo dei duchi di S. Stefano** wohnte die Familie De Spuches, die sich mit dem Titel "Fürsten von Galati" schmückten. Das aus dem XIV.-XV. Jahrh. stammende Bauwerk zeigt stilistische Analogien zur Badia Vecchia. Charakteristisch ist die Reihe dekorativer Biforen, die den zweiten Stock schmücken, während kleine Dreipaßbögen den ersten Stock kennzeichnen.

Zu den Sehenswürdigkeiten Taorminas gehört auch das *Hotel S. Domenico*, dessen Besonderheit darin besteht, daß ein Klostergebäude zum Hotel umgebaut wurde. Von diesem Kloster sind noch der hübsche Kreuzgang aus dem XVI. Jahrh. und die Inneneinrichtung erhalten.

Ein Stück hinter dem Tor *Porta Messina* trifft man auf die kleine *Kirche S. Pancrazio*, unter der bedeutende Spuren eines hellenistischen Tempels gefunden wurden; im Inneren dieses Tempels befanden sich einige Inschriften, die darauf hindeuten, daß das Bauwerk dem Kult der Götter Isis und Serapis gedient haben könnte. Eine schöne Wanderung auf einem Panoramaweg führt uns zur mächtigen mittelalterlichen *Burg*, die auf dem Gipfel des Monte Taurus an der Stelle erbaut wurde, an der sich einst die antike Akropolis befunden hatte. Von der Burg aus kann man einen ebenso suggestiven wie ausgedehnten Ausblick genießen.

GIARDINI NAXOS

Unter den bedeutendsten Küstenorten dieses Teils der ionischen Küste sind zu nennen *Letojanni*, das schon erwähnte *Mazzarò* mit seinem sehr schönen, sichelförmigen Sandstrand, und vor allem *Giardini-Naxos*.

Von der antiken Siedlung sind wesentliche Reste der *Stadtmauern* erhalten geblieben, die auf das VI. Jahrh. v.Chr. datiert werden können, darüber hinaus einige *Tore* und ein *Turm*, sowie eine Zone, die ein großes *Heiligtum* eingenommen haben muß. In diesem ausgedehnten Bezirk wurde ein antiker Tempel identifiziert, der wahrscheinlich dem Kult der Aphrodite geweiht war (VII.-V. Jahrh. v.Chr.). Ebenfalls in dieser Zone sind ein *Altar* und zwei *Brennöfen* ans Tageslicht gekommen, die wahrscheinlich dem Heiligtum dienten. Einen weiteren Teil des archäologischen Ausgrabungsgebiets nehmen die Reste der nach der Zerstörung von 476 v.Chr. wieder aufgebauten Stadt ein; hier wurden Reste von *Kultstätten* und *Werkstätten* von Handwerkern gefunden, die Töpferwaren herstellten und Statuen modellierten. Die zahlreichen hier ausgegrabenen Stücke (Keramik, Töpferwaren, Skulpturen, Terrakotten, Gebäudefragmente) wurden im *Archäologischen Museum* geordnet, das im früheren Fort der Bourbonen auf dem Capo Schisò untergebracht ist.

Drei Ansichten der freundlichen Ortschaft Giardini-Naxos: die modernen Badeanstalten; der kleine Hafen; die unbeschreiblich schöne Küste.

MESSINA

Geschichte. Das *Tor Siziliens* erstreckt sich am Fuße der Ausläufer der Peloritanischen Berge vor der nach der Stadt benannten Meerenge, welche die Nabelschnur bildet, durch die Sizilien mit dem Kontinent verbunden ist. Die eingeborenen Stämme nannten sie nach dem sichelförmigen Naturhafen *Zankle*. Ab dem VIII. Jahrh. v.Chr. ließen sich Stämme aus Chalkis hier nieder. Später ging es in den Besitz des Anaxilaos von Rhegion über und wurde von messenischen Kolonen bevölkert, die ihm den Namen *Messana* gaben. Im Laufe der darauffolgenden Jahrhunderte stand die Stadt im Mittelpunkt der heftigen Streitigkeiten zwischen Dorern und Ioniern und wurde auch in die Zwiste der verschiedenen sizilianischen Städte verwickelt, die in der Besetzung durch Karthago unter Hannibal gipfelten. Im Jahre 264 v.Chr. griffen die Römer ein, befreiten sie von den Karthagern und machten sie zu ihrem Brückenkopf für ihre weitere Expansion auf der Insel. Der neuen *Civitas Foederata* war eine lange Zeit des Wohlstands und des Reichtums beschieden, denn sie bildete eine Art "glückliche Insel" inmitten der unruhigen Szenerie Siziliens. Nach dem Zerfall des Kaiserreiches wurde die Stadt von den Goten und den Byzantinern besetzt, die sie lange hielten, bis die Mohammedaner an die Macht kamen (IX. Jahrh.). Ab dem XI. Jahrh. nahm die Stadt, die tief im Katholizismus wurzelte und die Regierung der Araber nicht ertrug, die Normannen wohlwollend auf, die sie zu einem wichtigen Stützpunkt machten. Als sie später der Stauferherrschaft unterworfen wurde, ertrug sie nur schwer den Verlust ihrer

Autonomie, was zu einem heftigen Aufstandsversuch führte (erste Hälfte des XIII. Jahrh.). Messina folgte dann den Anjou, wandte sich aber zum Zeitpunkt der "Sizilianischen Vesper" gegen sie; nach dem Übergang an die Aragonier teilte sie, wenn auch mit kurzen Unterbrechungen, das Schicksal dieses spanischen Geschlechts bis ins XVIII. Jahrh. hinein. Nachdem sich in den ersten dreißig Jahren des XVIII. Jahrh. die Savoyer, Bourbonen und Österreicher ablösten, folgte ab dem Jahre 1734 die Herrschaft des Hauses Bourbon, das bis zur Angliederung an das Königreich Italien (1860) regierte. Die Stadt, die in einer stark seismisch gefährdeten Zone liegt, wurde oft von Erdbeben heimgesucht; wir erinnern unter den noch nicht allzu lange zurückliegenden Beben an das des 5. Februar 1783, das die Stadt in Trümmer legte, und die von einem Seebeben gefolgte katastrophale Erschütterung am 18. Dezember 1908, die in der Morgendämmerung Messina ganz auslöschte und allein in der Stadt nicht weniger als 80.000 Opfer dahinraffte. Doch damit nicht genug — der zweite Weltkrieg riß wiederum schwere Wunden in die schon so stark angegriffene Stadtstruktur. So wie wir Messina heute sehen, ist sie eine schöne, moderne Stadt; die sich überschneidenden, breiten und lichtvollen Alleen, an denen die streng erdbebensicher gebauten Häuser stehen, haben mit ihrem ausgesprochen regelmäßigen und linearen Rahmen der Stadt wieder zu ihrem alten Glanz verholfen.

Dom. In seiner heutigen Gestalt ist dieser Kirchenbau das Ergebnis eines relativ kurze Zeit zurückliegenden Wiederaufbaus, denn der nach dem Erdbeben von 1908 wiedererrichtete Vorgängerbau erlitt während der Bombardierungen im Jahre 1943 schwere Schäden. Den ursprünglichen Dom ließ der normannische König Roger II. in der zweiten Hälfte des XII. Jahrh. anstelle einer älteren Anlage aus dem Mittelalter errichten. An der *Fassade* blieb vom ursprünglichen Bau nur der untere Teil mit Relief-Intarsien, die völkerkundlich und geschichtlich interessante Motive abbilden. Die eleganten, kostbaren Portale sind gotisch und an den Seiten des mittleren, das ein erhöhter, verzierter Giebel krönt, stehen Löwen, die schöne gedrehte Säulen stützen. Die Seitenportale stammen aus dem XVI. Jahrh. Den basilikalen *Innenraum* gliedern zwei Säulenreihen, auf denen Spitzbogen ruhen, in drei Schiffe. Sehr interessant ist der in Vitrinen ausgestellte *Domschatz*. Dazu gehören Kelche aus dem XIV. bis XVII. Jahrh., Reliquiare aus dem XII. bis XVII. Jahrh., Bronzekerzenständer aus dem XVIII.

Der Orionbrunnen, ein Werk von G.A. Montorsoli und die Kirche SS. Annunziata dei Catalani, die im XII. Jahrhundert begonnen wurde.

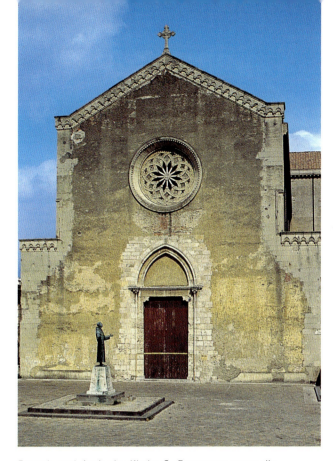

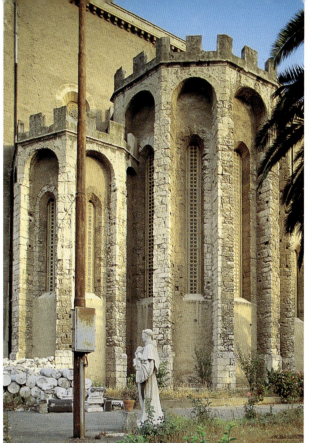

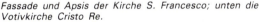

Fassade und Apsis der Kirche S. Francesco; unten die Votivkirche Cristo Re.

Jahrh., kostbare Gold- und Silberstickereien (XVII. Jahrh.), seidene Meßgewänder und Pluviale (XVIII. Jahrh.), Ringe, Siegel, kostbare Mitren, mit Miniaturmalereien verzierte Chorbücher, Silbergeschirr (XVII.-XVIII. Jahrh.), Gemälde der byzantinischen Epoche und weitere wertvolle Raritäten und Kirchengeräte. Eine eigentümliche Note stellt der sehr ausgefallene *Campanile* dar, der mehrmals durch Erdbeben zerstört und gemäß dem ursprünglichen normannischen Stil wiederaufgebaut wurde. Die Spitze bilden ein Giebel und vier Fialen; außerdem ist er mit einem kostbaren Uhrwerk ausgestattet, das Bischof Paino einbauen ließ und 1933 eingeweiht wurde.

S.S. Annunziata dei Catalani. Diese Kirche stammt aus der normannischen Zeit und wurde in der zweiten Hälfte des XII. Jahrh. erbaut. Am heutigen Bau sind architektonische Originalelemente der Kuppel, des Querhauses und des Apsisteils erhalten geblieben. Die *Fassade* geht auf das XIII. Jahrh. zurück und besitzt ein bogenförmiges Mittelportal, daneben Seitenportale, die ein Architrav mit Einzelbogenfenster krönt. Ab dem XVI. Jahrh. war sie Gotteshaus der Dominikaner und nahm später eine Bruderschaft katalanischer Händler auf, von denen sich der Name herleitet. Im dreischiffigen *Innenraum* tragen Säulen Tonnen- und Kreuzgewölbe; man sieht ihm die Mischung arabischer und romanisch-lombardischer Einflüsse an.

Kirche S. Francesco d'Assisi. Zu den bemerkenswertesten Kirchenbauten der peloritanischen Stadt gehört diese Kirche, der in der zweiten Hälfte des vorigen Jahrhunderts ein Brand schwere Schäden zufügte und die das verheerende Erdbeben von 1908 bis auf die Grundfesten zerstörte. Trotz der zahlreichen Eingriffe, die im Laufe der Jahrhunderte an ihr vorgenommen wurden, blieb die grundlegende Prägung des ursprünglichen Bauwerks aus dem XIII. Jahrhundert, das in normannischer Zeit mit arabisch-sizilianischen Stilmerkmalen entstand, erhalten.

Orionsbrunnen. Er ist ein Meisterwerk des florentinischen Künstlers Fra' Giovanni Angelo da Montorsoli (XVI. Jahrh.), der die wunderbare Skulptur des sagenhaften Stadtgründers schuf. Der Brunnen besteht aus zwei von mythologischen Figuren gestützten Becken, aus denen sich das Wasser in ein polygonales Brunnenbecken ergießt; dieses beleben Skulpturen und allegorische Darstellungen des *Tibers*, des *Nils*, des *Ebro* und des *Camaro*.

Museo Regionale. Es ist in den Räumen der *Ex-Spinnerei Mellingoff* untergebracht und umfaßt interessante archäologische Fundstücke und Zeugnisse der mittelalterlichen und modernen Kunst.

Museo Regionale; eine marmorne Madonna mit Kind. *Laurana zugeschrieben;* Heilige Katharina von Alexandrien.

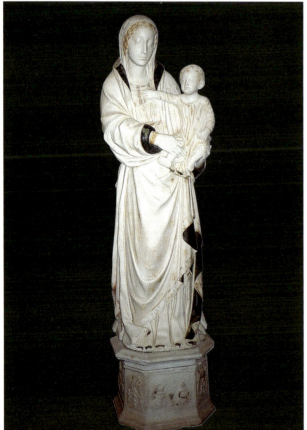

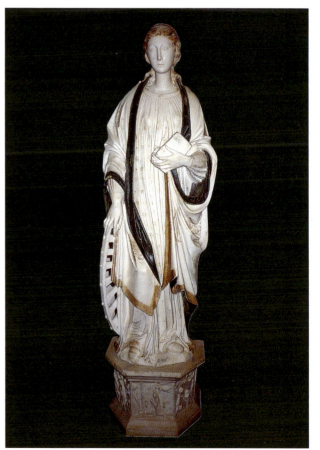

Eine suggestive Luftaufnahme der Wallfahrtsstätte Madonna Nera und die charakteristischen goldgelben Sandstrände von Tindari.

TINDARI

In der ersten Hälfte des IV. Jahrh. v. Chr. wurde zur Feier des Siegs der Syrakuser über die Karthager eine Stadt gegründet, die *Tyndaris* genannt wurde und die zunächst der Mutterstadt und dann ab dem III. Jahrh. v. Chr. Rom treu blieb; sie unterstützte Rom ununterbrochen während der langen militärischen Auseinandersetzungen mit Karthago. In der Kaiserzeit, als daraus die *Colonia Augusta Tyndaritanorum* geworden war, atte sie wiederholt unter Naturkatastrophen wie Erdvutsche und Erdbeben zu leiden, die den unvermeidbaren Niedergang einleiteten, bis dieser schließlich in der Zerstörung durch die Araber gipfelte (IX. Jahrh.).

Noch heute sind bedeutende Reste der antiken *Stadtmauer* zu sehen, wobei es sich teilweise um die ursprüngliche Stadtmauer und teilweise um Bauten aus späterer Zeit handelt.

Das herausragendste Element stellt das *Griechische Theater* dar, das auf das IV. Jahrh. v. Chr. datiert werden kann. In der Nähe eines Gebäudes mit Gewölbedach, das fälschlicherweise für eine Basilika gehalten wurde, bei dem es sich aber fast mit Sicherheit um einen monumentalen Eingang handelt, befindet sich ein Häuserblock auf mehreren Terrassen, der *Block IV* genannt wird.

Die unteren Terrassen nehmen Reste römischer Häuser und Läden (*Tabernae*) ein. Die obere Terrasse bilden die Reste der *Thermen*, die auf das II. Jahrh. n. Chr. zurück-

gehen. Im *Museum* neben dem Theater werden interessante, bei den Ausgrabungen zutage gekommene Fundstücke ausgestellt. Im modernen Tindari, das sich wahrscheinlich an der Stelle der antiken *Agora* entwickelt hat, sollte man die *Wallfahrtskirche* besichtigen.

MILAZZO

Archäologische Funde beweisen, daß die ersten menschlichen Niederlassungen an diesem Ort weit in die Vergangenheit zurückreichen; Spuren einer Nekropole werden auf das XIV. Jahrh. v. Chr. datiert. Wegen seiner strategischen Bedeutung stand der Ort immer im Mittelpunkt militärischer Auseinandersetzungen; an der heutigen Stelle wurde er im VIII. Jahrh. v. Chr. von Einwanderern aus Chalkis gegründet und sollte, nachdem bisher Sikuler hier gesiedelt hatten, als Bollwerk Messinas dienen. Beim antiken *Mylae* schlugen die Römer im III. Jahrh. v.Chr. die Karthager in einer Seeschlacht; das gleiche Schicksal ereilte Sextus Pompejus später im Bürgerkrieg. Unter den Arabern und Normannen war Milazzo ein bedeutendes Verwaltungszentrum und behielt seine Rechte auch unter den Spaniern. Im Jahre 1860 trug Garibaldi im Verlauf seiner denkwürdigen Unternehmung hier einen entscheidenden Sieg über die Bourbonen davon. Die *Burg* geht in ihrer letzten Form auf das XV.-XVI. Jahrh. zurück, als die Spanier einen älteren Bau aus dem XIII. Jahrh., den Friedrich II. von Hohenstaufen hat-

Die schmale Landzunge, auf der sich Milazzo erstreckt.

Lipari, die größte Insel des Archipels, und die ►
wunderschöne wilde Vulkanlandschaft.

te errichten lassen, befestigten. Im oberen Teil der Ortschaft, in der Nähe der Burg und der Stadtmauer, erhebt sich der *Alte Dom*, ein Bau aus dem XVII. Jahrhundert im Stil der Renaissance. Im Inneren der *Wallfahrtskirche S. Francesco di Paola* ist eine schöne *Madonna mit Kind* von Gagini zu sehen. Der im unteren Teil der Ortschaft gelegene *Neue Dom* birgt interessante Gemälde des Malers Antonello de Saliba aus dem XVI. Jahrhundert. Ansehen sollte man sich auch den gotischen *Palazzo dei Giudici* und den *Palazzo Municipale* mit Erinnerungsstücken an das Risorgimento, einer gut bestückten Bibliothek und verschiedenen Gemälden.

ÄOLISCHE INSELN

Der Archipel der Äolischen oder Liparischen Inseln *(Alicudi; Filicudi; Lipari; Panarea; Salina; Stromboli; Vulcano)* liegt vor der Küste von Milazzo und besteht aus sieben Hauptinseln und einer Reihe von Klippen und Meeresinseln. Hauptbestandteile dieser Inseln sind vulkanische Felsen und Laven, die in ganz unterschiedlichen geologischen Epochen entstanden sind und zerklüftete und steil ins Meer abfallende Küsten geschaffen haben. Die ersten Siedlungen auf dem Archipel gehen auf die prähistorische Zeit zurück. Um 4000 v. Chr. ließen sich Jungsteinzeitvölker auf Lipari nieder. Schon ab dem XVIII. Jahrh. v. Chr. sind äolische Völkerschaften bekannt, die hier Stützpunkte für die wichtigen, durch die Meerenge von Messina führenden Handelsrouten schufen. Um das X. Jahrh. v.Chr. herum verfiel die blühende äolische Kultur infolge einer plötzlichen Entvölkerung. Um das VI. Jahrh. v. Chr. besiedelten griechische Kolonen dorischer Herkunft erneut den Archipel, der in den punischen Kriegen (III. Jahrh. v.Chr.) ein strategischer Stützpunkt der Karthager wurde. Die Gewässer der Inseln wurden damals zum Schauplatz erbitterter Kämpfe zwischen diesen und den Römern (257 v. Chr.). Im Hochmittelalter war Lipari Bischofssitz und erlangte eine beträchtliche Bedeutung als religiöses Zentrum. Einer Gemeinschaft von Benediktiner-Mönchen ist es zu verdanken, daß die Insel unter den Normannen wiederauflebte. Danach teilten Lipari und der Archipel das Schicksal Siziliens und des Königreichs Neapel.

126

INHALT

CREDITS

Photographs from the Archives of Casa Editrice Bonechi, taken by: Paolo Abbate, Marco Banti, Marco Bonechi, Andrea Fantauzzo, Paolo Giambone, Sonia Gottardo, Enzo Loverso, Andrea Pistolesi, Giuliano Valsecchi.

Other photos:
Atlantide (Massimo Borchi): page 32 below; Atlantide (Guido Cozzi): pages 31 above, 35, 95, 100 below, 105 above; Gianni Dagli Orti: pages 4, 12, 18, 26-27, 74 below, 81-87, 97; Giovanni Giunta: page 100 above; Marka: pages 31 below (© Weltbild), 126 (© Claudio Ciabochi); Andrea Pistolesi: pages 8-11, 16 above, 17, 109 below; Arturo Safina: page 36 below; Sandro Santioli: page 43 above; Simephoto: pages 28 (© Paolo Giocoso), 91 below (© Guido Baviera), 120/121 (© Kaos03); Foto Tornatore: page 115 below; Giuliano Valsecchi: pages 29 below, 30 below, 33, 34 below, 76, 102, 109 above, 110, 111 below, 116, 127 above; Aut. SMA n. 371-84: pages 32 above, 47 below, 111 above, 127 below; Aut. SMA n. 850-86: page 57 below and right.

The publisher apologises for any omissions and is willing to make amends with the formal recognition of the author of any photo subsequently identified.